コンビニはどうなる

ビジネスモデルの限界と〝奴隷契約〟の実態

中村昌典
Masanori NAKAMURA

花伝社

はじめに

２０１９年2月、東大阪市のセブン-イレブン・オーナーが夜間の時短営業に踏み切ったことに対し、本部が契約解除及び違約金請求をしたことが広くメディアに報じられ、「24時間営業問題」やその他コンビニを取り巻く問題について、社会問題として把握されることとなりました。

著者は２０００年頃からフランチャイズ問題を加盟店側代理人として取り扱ってきましたが、その中でコンビニの不平等な契約、抑圧的な取引慣行、長時間のシフト勤務を余儀なくされるオーナーの苦労などを目の当たりにしてきました。コンビニオーナーが置かれているこうした厳しい状況を、何とか改善しなければならないと常々考えています。

本書は、花伝社の平田勝社長から出版のお話を頂き実現したものです。花伝社は１９９９年に故本間重紀先生（静岡大学教授）が編集された『コンビニの光と影』を出版されています。同書は著者が右も左も分からない状態ではじめてフランチャイズ事件に取り組んだ時から参考にさせていただいた書籍であり、今回このようなお話に至ったことにはご縁を感じます。本書は『コンビニの光と影』ほど学術的ではありませんが、コンビニやフランチャイズに関する今日的問題を幅広く取り扱い、また著者の加盟店側代理人としての経験を盛り込み、立法提言にも言及しています。

担当の佐藤恭介さんには何度も途中で筆が止まってしまう筆者を根気よく叱咤激励して頂きました。当初の予定よりは完成が1年も遅れましたが、何とか出版に至ることができましたのはひとえに佐藤さんのご尽力によるものです。心よりお礼申し上げます。本書の校正を手伝っていただいた中村法律事務所の事務員斉藤直子さん、鈴木（旧姓延時）早織さんにも深く感謝いたします。

本書がコンビニ・フランチャイズ問題を考える一助となりましたら望外の喜びです。

コンビニはどうなる——ビジネスモデルの限界と〝奴隷契約〟の実態◆目次

第1章 コンビニ問題の現在

1　最近のコンビニ問題をめぐる動き

（1）24時間営業を強制されるコンビニ加盟店オーナーの疲弊

時短営業店に対する高額な違約金請求

２０１９年2月、東大阪市内のセブン-イレブンオーナーが24時間営業を止めて独自に時短営業を始めたことに対し、セブン-イレブン本部が１７００万円の違約金を請求したことが報じられました。この事例を、多くのメディアが報じたり、ＳＮＳを通じて情報が拡散されたことにより、「コンビニ24時間営業見直し問題」という社会問題へと発展しました。コンビニ加盟店オーナーがそこまで追い詰められている窮状と、それに対するコンビニ本部のあまりにも冷酷な仕打ちが、コンビニ利用者である消費者にとっても大きな驚きをもって受け止められました。

コンビニ利用者である消費者の意識

日本経済新聞がコンビニの24時間営業の見直しについて消費者にアンケート調査を行い、２

０１９年5月24日付紙面でその結果を公表しています。これによると、24時間営業の見直しに「賛成」が41・1％、「どちらかというと賛成」が31・5％で、消費者の72・6％が見直しに賛成していることが分かりました。見直し賛成の理由としては、「加盟店オーナーの生活が脅かされているなら仕方ない」「人手不足なら来店客も一定の負担を受けいれるべきだ」との回答が5割超と報じました。

コンビニ利用者の多くは、社会情勢の変化やコンビニ加盟店オーナーの置かれている窮状をよく理解しており、多少の不便さは許容しようという姿勢のようです。

コンビニ本部の24時間営業見直し問題に対する対応

「コンビニ24時間営業見直し問題」が広く社会問題化しても、当初、コンビニ本部は24時間営業の見直しに慎重な態度を崩しませんでした。

夜間に閉店すれば間違いなく当該店舗の売上高は減少しますから、それはコンビニ本部の利益減少に直結します。加盟店オーナーの負担が多少増しても、店を開け続けて欲しいというのがコンビニ本部の本音でしょう。また商品の配送体制が24時間営業を前提としており、24時間営業店と時短店が一つの地域で混在したら、配送に大きな影響が出かねないこともコンビニ本部が時短営業に消極的であることの一つの理由だと思われます。

セブン‐イレブン本部は、時短営業を行っている東大阪のオーナーへの違約金の請求自体はその後撤回したようですが、２０１９年8月時点でも、同オーナーが求めた社長面談は本部から拒否されるなど紛争は収束しませんでした。

また、別のオーナーが同年7月に、１日限りの時短営業を求めたのに対して、セブン‐イレブン本部は契約解除を含みにした警告書を送付したとも報じられています。メディア対策として、「オーナーの判断に任せる」かのようなコメントをコンビニ大手本部は出しているものの、加盟店オーナーに対する高圧的な態度は何ら変わっていないようです。

加盟店オーナーの時短営業に対する意向

年間３６５日24時間営業の継続がコンビニ加盟店オーナーにとって過重な負担となっている問題が社会でも共有されてきたため、コンビニ本部も対応に追われることとなりました。ファミリーマート本部が加盟店を対象にアンケート調査した結果を２０１９年7月26日に公表しましたが、時短営業を検討したいという回答が48・３％に上ったとのことです（２０１９年7月27日付日本経済新聞）。また同本部は２０１９年10月以降に７００店規模で時短営業の実験を行うと発表しました。

時短営業を行うと、当該店舗において休業する時間の売上高が無くなるのに加えて、その前後の売上高も減少することが当然予想されます。24時間営業を継続し得る環境にあるのなら、少しでも利益を確保したい大半のオーナーは24時間営業の継続を望むはずです。にもかかわらず、約半数のオーナーが時短営業を検討したいと回答していることは、オーナーやその家族が直面している疲弊や消耗の度合いは、私たちの予想を大きく超えていることを示しています。

また、時短営業をしても、たしかに休業時間は接客はしなくて済むものの、休業時間中にも配達される商品の受け入れや品出しに追われ、実際に休息をとれるのはごくわずかな時間しかないとの指摘もあります（2019年7月13日付朝日新聞）。

働き方改革

働き方改革関連法が2019年4月1日から順次施行されています。時間外労働の上限規制（原則として月45時間、年360時間まで）、年次有給休暇の確実な取得、労働時間の客観的な把握、フレックスタイム制の拡充、勤務間インターバル制度の普及促進、産業医・産業保健機能の強化、残業の割増賃金率の引上げなどの内容が盛り込まれています。

コンビニ加盟店オーナーは事業主であり、労働者ではありませんが、働き方改革の趣旨が全く当てはまらないのでは困ります。コンビニ加盟店オーナーとその家族だけが長時間労働を強いられ、生命や身体の危険を訴えても本部の同意なしには店を短時間閉めることすらできない、というのは大きな問題です。

フランチャイズ加盟による起業は脱サラや早期退職者の受け皿として社会的に認知されているところです。休みのない過酷な長時間のシフト労働を余儀なくされるとしたら、一体誰が今後のコンビニを担っていくのでしょうか。

もはや時短営業を実験するということではコンビニ本部の対応策として足りていない時期に来ていると思います。営業時間の拘束を契約上の義務、とりわけ違約金や解除事由の対象から外し、24時間営業するか時短営業とするかは、コンビニ加盟店オーナー各自の任意の選択に委ねるというのが本来のあり方だと思われます。

(2) コンビニオーナーを取り巻く環境の厳しさ

増え続けるコンビニ

コンビニは大手チェーンを中心にこれまで一貫して店舗数を増やし続けてきました。2019年6月末時点において、最大手のセブン-イレブンは国内に2万1005店、同2位のファミリーマートが1万6438店、同3位のローソンが1万4691店、この大手3チェーンの合計だけで5万2134店となります。他のチェーンも含めると日本国内には約5万8000店ほどのコンビニがあることになりますコンビニ大手本部は新規出店に際して、ドミナント（集中）出店政策をこれまで採ってきました。ある地域に出店する際には一定数の店舗を配置し、当該商圏を独占的にして他社による競合を防止しようとするものであり、また配送の効率化の観点からもそうした出店政策が行われてきました。

コンビニ本部からすれば、傘下にある加盟店Aからの売上高であっても近隣の加盟店Bからの売上高であっても、チャージを徴収できることに変わりはないので、ドミナント出店に本部は痛みを全く感じません。むしろ新規出店を押し進めることをコンビニ本部は自身の利益の源泉としてきました。

他方、コンビニ加盟店オーナーからすると、他チェーンの競合出店であれば、商品やサービスの差別化で戦う余地があるものの、同一チェーンを近隣に出店されたら、商品やサービスは同一であり差別化できません。既存の商圏が分割されてしまうことになり、大変な脅威として捉えられてきました。

都市部ではコンビニの飽和が指摘されています。さすがに現時点でもコンビニの無限の成長神話を信じている人はいないでしょう。コンビニ大手本部が２０１９年の新規出店を抑制し始めたこともそれを裏付けています。２０１９年11月24日付日本経済新聞は、全国５万７０００店の立地を分析したところ、標準的な一店あたりの商圏人口とされる３０００人を、９割の店舗で下回っていると報じています。自店から徒歩5分（350メートル）以内に他のコンビニがある店舗は、全体の半数超の約3万1000店に及ぶとのことです。

サークルKやサンクスもファミリーマートに吸収されたように生存競争が激しくなり、中堅チェーンは大手と何らかの形で提携しないとチェーンとしての生き残りができない時代になっています。2019年4月11日、ローソンの竹増貞信社長は、拡大路線の転換を宣言し、2019年度は店舗数の純増をゼロとし、人手不足で疲弊する加盟店の競争力強化に力を注ぐとしています（2019年4月12日付日本経済新聞）。セブン‐イレブンもファミリーマートも新規出店増一辺倒を止めて、既存店への対応強化に軸足を移すと報じられています。

2020年1月20日、日本フランチャイズチェーン協会は、コンビニ大手7社の店舗数が2019年12月時点で5万5620店となり、前年と比較して123店舗減少したと発表しました。市場の飽和が現実となったことが数字の上からも明らかです。

鈍る集客力

2018年度のコンビニ既存店の売上高はセブン‐イレブンが前年比1・3％増でしたが、ファミリーマートが0・4％減、ローソンは0・5％減でした。既存店の客数が減少している傾向は続いているとされます。セブン‐イレブンで前年比0・6％減、ファミリーマートが

０・８％減、ローソンが２・３％減となっています（２０１９年6月16日付日経ＭＪ）。

売上高自体は客単価の上昇で補うことはできているものの、コンビニの成長にも陰りがみえます。

人件費の増大

人手不足も深刻ですが、他方で人件費の増大という問題もあります。最低賃金が毎年上がっています。２０１９年7月31日、厚生労働省が設置している中央最低賃金審議会は２０１９年度の全国の最低賃金の目安を27円引き上げて、平均時給を９０１円とする方針を決めました（２０１９年8月1日付朝日新聞）。東京都は１０１３円、神奈川県は１０１１円と、初めて１０００円を超える地域が出ることになります。しかし全国平均１０００円の達成は、経営側の抵抗もあったとのことで、まだほど遠いようです。２０１９年12月の三大都市圏（首都圏、東海、関西）のアルバイト・パートの募集時平均時給は１０８９円とのことです（２０２０年１月17日付日経ＭＪ）。

東京都の最低賃金の推移を参照すると（グラフ）、昭和52年には３４５円だったものが一貫して上がってきており、現時点では約3倍になったことになります。他方、コンビニ加盟店のチャージ率は基本的に変更されておらず、人件費の増加が全て加盟店の負担増加となってきま

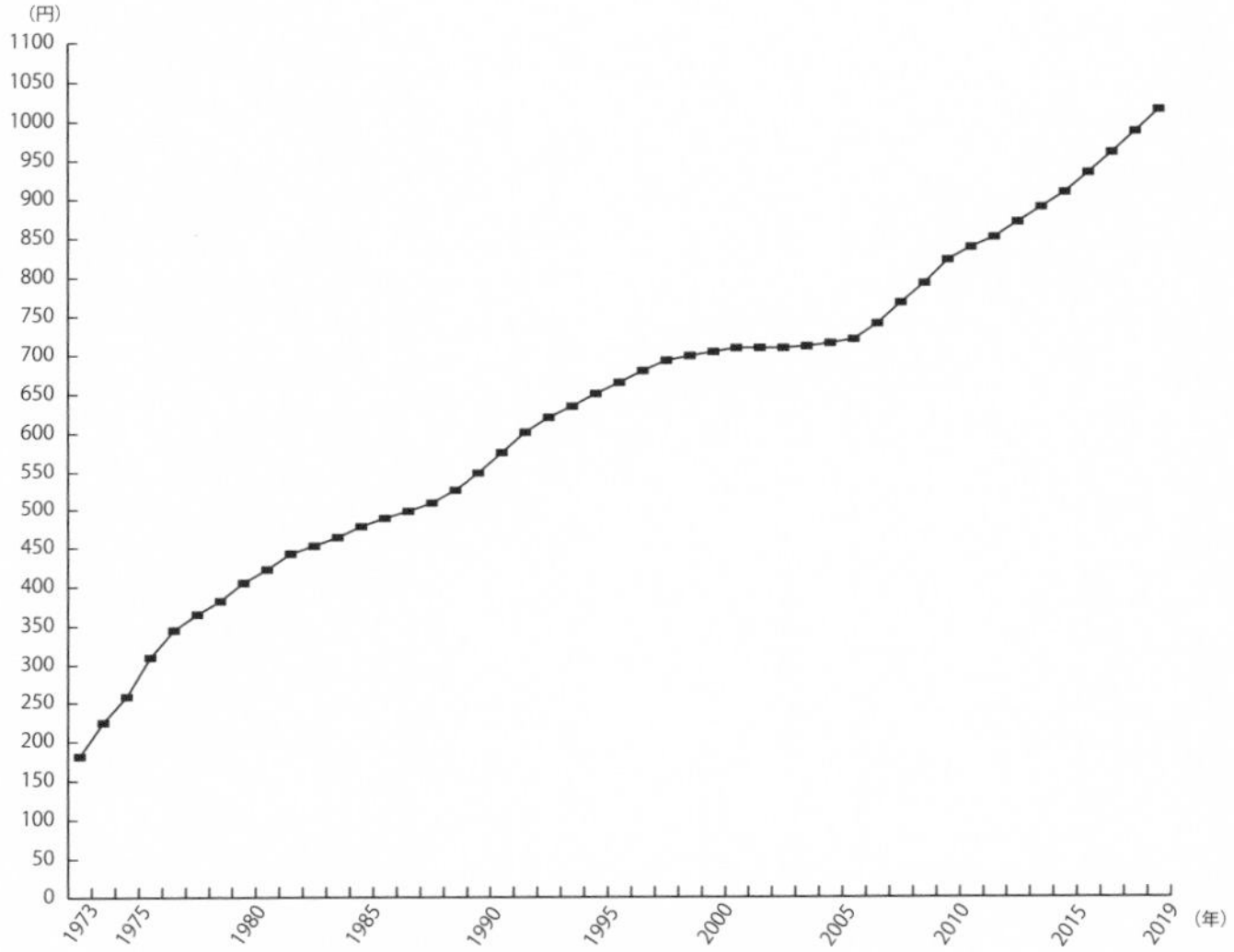

東京都の最低賃金の推移

した。

「最低時給１５００円を目指す」という社会運動もあります。これは非正規雇用者の賃金が低く、人並みの生活を送ることができないという切実な要請から出ています。

時給９０１円で週40時間働いても年収は１８７万円余にしかならず、ワーキングプアから抜け出せません。時給１０００円でも年収２０８万円です。非正規雇用者の労働条件の改善も見過ごすことのできない極めて重要な社会問題です。非正規雇用である人材派遣を利用する場合には時給１５００円を遥かに超える金額を支払うのに、なぜ直接雇用の場合にはこの金額しか支払わないのかという問題でもあります。今後、人口減少が続くと想定されているわが国において、地方の賃金を上げないと、いっそう人口の首都圏集中が進み、地方の過疎化がさらに進むという心配もあります。

他方、経営者である多くのコンビニ加盟店オーナーからすると、「時給１５００円」はかなり厳しい要求だと受け止められるでしょう。アメリカにも同種の動きとして「最低時給15ドル」を目指す運動があります。大都市を中心として、州や地域で最低時給を15ドルとする法案を通そうという運動が強まっているようです。これに関して、著者がアメリカのあるセブン－イレブンオーナーから話を聞いたところ、「時給15ドルでは自分たちの生活が成り立たない。コンビニの経営などできなくなる」と嘆いていました。日米で、コンビニ加盟店オーナー達は全く同様の問題に直面しています。

売上総利益からコンビニ本部にチャージを先取りされる結果、人件費の増大はオーナーの利益の減少に直結します。コンビニの飽和もあり、今後、売上高の大幅な上昇を望むことは困難です。コンビニというシステムを維持するには、様々な課題を乗り越える必要があります。

同一チェーンのドミナント出店のリスクも

他チェーンによる競合店の出店はコンビニ加盟店オーナーにとって負担の重いリスクですが、コンビニ本部によるドミナント出店（集中出店）の犠牲となり、同一チェーンの近接出店による売上高の大幅減少を余儀なくされるオーナーもいます。

中堅チェーンが大手チェーンに吸収されるという事態は、これと同じ問題を引き起しました。つまり、昨日までサンクスとかサークルKという別チェーンの競争相手だったのに、突然同じファミリーマートという看板の店舗になり、同一チェーンの競合店舗に変貌するということが起きます。他チェーンの競合店なら、商品やサービスの差別化で勝負できることはありますが、同一チェーンは同じ商品、同じサービスを提供するので差別化ができません。

勤勉で真面目なコンビニ加盟オーナーは、自ら長時間のシフト労働や夜間のワンオペをこなして、何とか生活できるだけの利益を確保してきました。しかし、24時間営業の強制が問題としてクローズアップされたのは、オーナーやその家族の努力がもう限界にまで達しているということではないでしょうか。オーナーやその家族が疲弊・消耗しているということは、コンビニという仕組み自体が制度疲労を起こしているということではないでしょうか。

コンビニ本部の省力化への対応

コンビニ本部は、セルフレジの導入等、コンビニ加盟店オーナーや従業員の省力化に取り組んでいると報じられています。こうしたコンビニ本部の努力を否定はしませんが、どこまでコンビニ本部が真剣に取り組むのでしょうか。

コンビニの仕組み自体、安い人件費でアルバイトやパートを雇用できるという想定の上、加盟店オーナーやその家族が相当程度シフト労働に入ることを前提に、加盟店オーナーが何とか生活できる程度にチャージを設定したものといえます。しかし、昭和の高度成長時代とは異なり、パートやアルバイトの人件費も上がる一方です。その負担を全て加盟店オーナーに押しつけてきたツケが、ついに本部にも回ってきたというのが現実だと思われます。

ロイヤルティ（チャージ）の引き下げを

社会のインフラと目されているコンビニですが、その重責は、自営業者であるコンビニオーナーやその家族によって支えられています。コンビニが負っている重責に見合う利益をコンビニオーナーに還元していく必要があると思われます。

セルフレジの設置など、コンビニ本部は省力化に努めていることをアピールしています。しかし、根本的にはコンビニ本部が加盟店から徴収するロイヤルティ（チャージ）の引き下げを真剣に検討しなければならない時期に来ていると思います。

人件費の高騰はコンビニ加盟店オーナーにその全てを負担させるべきではなく、コンビニ本部も共に負担すべきです。セブン-イレブンは、２０１９年7月11日に最後の空白地であった沖縄県に出店を果たしましたが、その際、加盟店が支払うチャージ率を通常よりも５％減額したと報じられています（２０１９年7月17日付日経ＭＪ）。チャージ率の減額が「聖域」ではないのであれば、既存店オーナーに対しても同様の対応を取れるはずです。

（3）環境問題への対応

食品廃棄の削減問題

食べられるのに廃棄される「食品ロス」の削減も、国際的な問題です。平成28（２０１６）年度に本来食べられるにもかかわらず捨てられた食品ロスは、約６４３万トンと推計されています（農林水産省ＨＰ、平成31年4月12日公表）。食品ロス削減法の前文には次のように書かれています。

「我が国においては、まだ食べることができる食品が、生産、製造、販売、消費等の各段階において日常的に廃棄され、大量の食品ロスが発生している。食品ロスの問題については、二千十五年九月二十五日の国際連合総会において採択された持続可能な開発のための二千三十アジェンダにおいて言及されるなど、その削減が国際的にも重要な課題となっており、また、世界には栄養不足の状態にある人々が多数存在する中で、とりわけ、大量の食料を輸入し、食料の多くを輸入に依存しているわが国として、真摯に取り組むべき課題である。食品ロスを削減していくためには、国民各層がそれぞれの立場において主体的にこの課題に取り組み、社会全体として対応していくよう、食べ物を無駄にしない意識の醸成とその定着を図っていくことが重要である。また、まだ食べることができる食品については、廃棄することなく、貧困、災害等により必要な食べ物を十分に入手することができない人々に提供することを含め、できるだけ食品として活用するようにしていくことが重要である。」

コンビニから出る食品ロス

コンビニからはどれほどの食品ロスが発生しているのでしょうか。２０１３年に環境省が公表した「スーパー及びコンビニエンスストアにおける食品廃棄物の発生量、発生抑制等に関する公表情報の概要」という資料によると、１日１店舗あたりの食品廃棄物の生ゴミの量は、セブン-イレブンで14・７kg、ローソンが15・２kg、ファミリーマートが15・９kgであり、全店舗の食品廃棄物発生量の推計は、セブン-イレブンで５・８万トン、ローソンで４・６万トン、ファミリーマートで４・０万トン、７チェーンの合計で20・９万トンということであり、１日でこれだけの食品が捨てられているのかと驚愕する数字となっています。

２０１９年５月29日、中央環境審議会が食品リサイクル法に基づき、コンビニやレストランなどの食品関連事業者が出す量を２０３０年度までに２０００年度比で半減させ、２７３万トンとする基本方針をとりまとめたとのことです（２０１９年５月30日付日本経済新聞）。

食品廃棄の削減のため、コンビニ本部は販売期限の近づいた商品を利用客が購入した場合、利用客にポイント還元するといった対応策を発表しています。利用者である消費者にも、消費期限が先の商品をあえて後ろから取ってしまうような過剰な消費行動も見られたところです。食品廃棄を削減するには、消費者側の意識を変えていく必要があるという認識です。

しかし、果たしてこれで食品ロスの根本的な解決につながるのでしょうか。

現在のコンビニが、1日に売価で2万円に相当する弁当やおにぎり等のデイリー商品を廃棄しているのは、廃棄ロスが基本的に加盟店の負担になるチャージシステムが存在し、コンビニ本部が加盟店に対して「機会ロスを出すな」というお題目の下、過剰な発注指導を行っている構造的問題があるからです。コンビニ本部は売上高の最大化を目指せばよく、廃棄ロスがたくさん出ても、原則として加盟店の負担なので痛みを感じないのです。

たとえ利用客に対するポイント還元制度を導入したとしても、こうした仕組みを根本的に変えていかないと、コンビニにおける食品廃棄問題は解決しないと思われます。恵方巻き、クリスマスケーキ、バレンタインチョコレートといった季節ごとのイベントも見直す時期にきており、とりわけ対前年比プラスαなどという加盟店に対する過剰な発注指導は、直ちに止めるべきです。

脱プラスチックへの動き

現在廃プラスチックが、その処理の困難さや海洋汚染の原因として、国際的に問題とされています。欧州連合議会は2018年、ストローや綿棒など日常的に使用される製品でのプラスチック使用を禁止する法案を採択し、2021年までに廃止することを決めました。ESG（環境・社会・企業統治）投資という流れもあり、企業においても、環境に配慮した代替品の開発や使用の動きが進んでいます。

廃プラスチックの国際間移動も厳しくなっています。2017年7月、中国が廃プラスチックを含む一部資源ごみの輸入禁止令を発表しました。廃プラスチックの受け入れ国であったマレーシア、ベトナムではそれぞれ2018年7月から輸入制限措置が取られています。台湾やインドネシアでも、受け入れに関して厳しい措置を取っています。

コンビニでも2020年7月1日から、プラスチック製レジ袋が有料化されています。これだけでプラスチック使用が大幅に減少するとは思えませんが、一つの象徴的な役割は果たすと思われます。他にも包装の簡易化など取り組むべき課題はたくさんあります。過剰包装を当たり前だと考えてきた消費者側の意識改革も必要だといえます。

（4）複雑化する業務

7PAY失敗という失態

２０１９年7月1日にセブン‐イレブン本部が鳴り物入りで導入したスマートフォン決済「7ＰＡＹ」は、セキリュティの甘さを攻撃されて不正アクセス問題が発覚し、強制パスワードリセットや残高ゼロ騒動など迷走に迷走を重ね、導入からわずか4日で全面停止、1か月で撤退を発表せざるを得ないという大失態をさらしました。本部の会見内容も二転三転するなど、業界トップという驕りや慢心があったと指摘されても仕方がありません。

利用客も振り回されましたが、大々的なキャンペーンに付き合わされた加盟店オーナーにとっても災難というほかありませんでした。ログインできない等の苦情も、お店に相次いだようです。同日スタートしたファミリーマートのファミペイについては特段のトラブルは報じられておらず、大きな差を付けられました。

かかるセブンペイ問題の逆風を受けたためか、同年7月のセブン‐イレブン全店の売上高が9年4か月ぶりに対前年比で減少に転じたとのことでした（２０１９年8月14日付日本経済新聞）。

増え続ける業務

こうした新規事業が導入される度に、オーナーや従業員はこれに対応した手順を覚えなくてはなりません。コンビニにパートやアルバイトとして勤務すると、こうした複雑な業務をこなさなければなりません。同じくらいの時給なら「飲食店の方が楽」と言われるようになり、一層の人手不足を招いている感もあります。オーナーや従業員の負担を増やさないということにコンビニ本部は注力すべきだろうと思います。

2　行政の動きとこれに対する本部の対応

(1) 経済産業省の動き

アンケート調査

２０１９年４月５日、経済産業省が２０１８年12月から２０１９年３月にかけて行った、コンビニオーナーに対するアンケート調査結果「コンビニ調査２０１８」を公表しました(https://www.meti.go.jp/policy/economy/distribution/franchise2018.html)。

今回の結果を２０１４年度の同調査と比較すると、コンビニオーナーが現在直面している問題が数字上からも分かります。

ア　人手不足について

「人手が不足している」との回答割合が22％（２０１４）から61％（２０１８）へと大幅に増加しています。

２０１８年度の調査では、「従業員が不足している」との回答と「足りているが何かあれば運営に支障がでる」との回答の合計は95％となります。コンビニ加盟店オーナーが直面している人手不足の問題は極めて深刻化しているといえます。

自由回答欄の主な回答は、「コンビニ業務の複雑化」、「業務が大変とのイメージ」、「他店舗との人材の取り合い」との記載があります。

イ　加盟したことへの満足度

「大変満足としている」と「おおむね満足している」との合計割合が69％（２０１４）から53％（２０１８）と減少しています。満足していない理由は「想定よりも利益が少ない」、「労働時間／拘束時間が想定していたより長すぎる」が上位2項目でした。

ウ　契約を更新したいか

加盟店オーナーの「経営を続けたい」とする割合が68％（２０１４）から45％（２０１８）へと減少しています。更新したくない理由は「小売業を営みたくない」、「フランチャイズでは

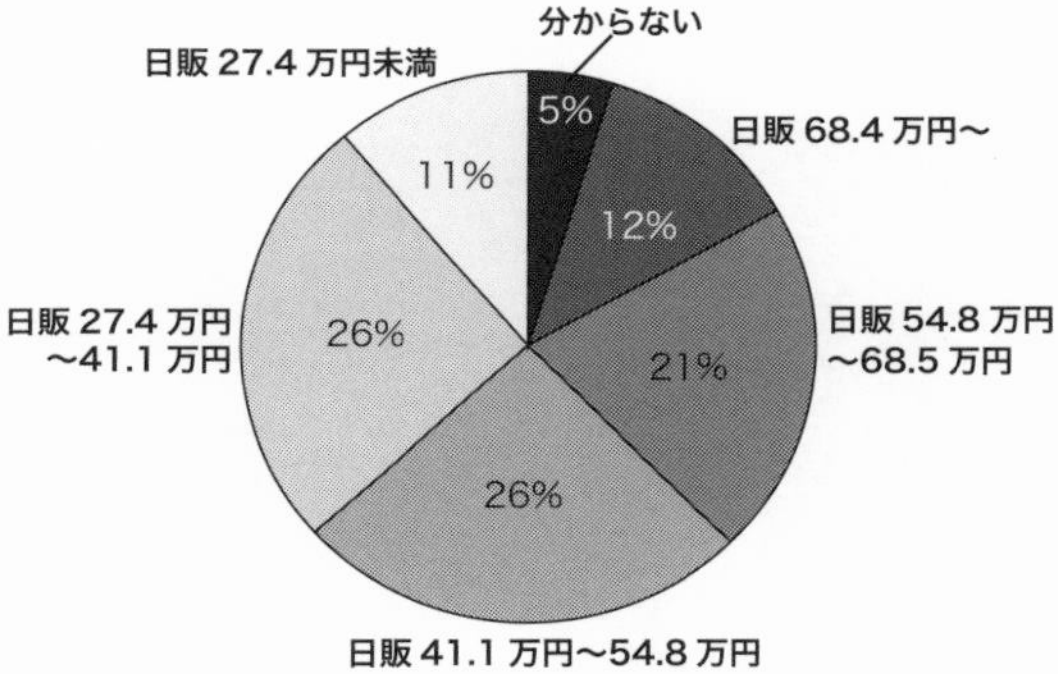

1店舗あたりの1日の売上高（日販）

なく自営したい」が上位2項目でした。

エ　売上高

1店舗あたりの売上高について、同調査は年間売上高を取りまとめていますが、1日あたりの売上高（日販）に換算しました（単純に365日で割り、算出しています）。

「日販41・1万円未満」の合計で37％と4割近いです。また「日販54・8万円未満」を集計すると63％と6割を超えます。大半の店舗の売上高はさほど高くないことが分かります。

また、「売上が減少した」との回答割合は50％でした。オーナーが極めて厳しい立場に置かれていることは、こうしたアンケート結果にも客観的な数値として表れています。

コンビニ大手本部に対する行動計画作成要請

２０１９年3月、経済産業省はコンビニエンスストアで人手不足から24時間営業が難しくなっている問題で、行動計画をつくるようコンビニ大手４社に要請しました。世耕弘成経済産業相が３月26日の記者会見でフランチャイズチェーン加盟店などを調査した結果、深刻な人手不足が確認され、早急な対応が必要だと判断したとしています。

同年４月25日までにコンビニ大手本部は、加盟店支援の行動計画を発表しました。２０１９年４月26日付日経新聞によれば、コンビニ大手各社の行動計画の主な内容は次の通りです。

セブン-イレブン・ジャパン

役員など加盟店訪問、アンケート制度

計13店で時短営業の実験、順次拡大

ファミリーマート

24時間営業の奨励金を6月から増額

6月から地域を限定し時短営業の実験

ローソン

7月から深夜無人店の実験

41店で営業時間を短縮

公表された内容は抽象的な計画に止まっており、加盟店にとってどこまで現実的な支援となるかは不透明です。

新たなコンビニのあり方検討会

経済産業省は「新たなコンビニのあり方検討会」を設置し、2019年6月28日に第1回の会合を開きました。

設置の趣旨は「全国津々浦々に存在するコンビニは、生活密着型の商品・サービスの提供に加え防犯活動や災害対応など、地域社会において多様な役割を期待される存在となっている。」「他方、1店舗当たりの来客数が減少し、オーナーの高齢化や人手不足が深刻化するなど、コンビニの成長を支えてきた環境は大きく変化しており、持続可能性の観点から、コンビニのあり方の再検討が求められている。」「コンビニが社会的期待に応えつつ持続可能な成長を実現するために、今日的課題と今後の方向性を検討する『新たなコンビニのあり方検討会』を開催する。」「また、実態把握の観点から、並行してコンビニオーナーヒアリングや本部ヒアリング、従業員、コンビニユーザーへの調査を実施する。」でした。

公正取引委員会による独占禁止法の適用が焦点となるなか、自主改善を進める大手各社は不満のあるオーナーの妥協点を探る狙いとされます（2019年6月29日付日本経済新聞）。

2020年1月、同検討会が報告書をまとめ、2月6日に公表しました。要旨は次のようなものです。

・営業時間は全店一律の24時間ではなく、経営環境や地域社会の認識の変化を踏まえて検討すべき。休日についても柔軟に認めることを検討すべき。
・食品ロスの削減に向けて、本部が加盟店の創意工夫を促す。本部と加盟店との間でコストやリスクを分担することを検討すべき。
・加盟店料は環境の変化に応じて利益やコストの分担を勘案した算定をすべき。
・長期に及ぶフランチャイズ契約は状況の変化に応じて柔軟な対応が必要。
・加盟店の声を本部が吸い上げると共に、店主同士で課題を共有できる仕組み作り。

同検討会の設置がコンビニ本部の重い腰を上げさせて、時短営業についてファミリーマートやローソンが加盟店の意向で選択できる制度を導入するとか、セブン-イレブンのチャージの一部引き下げ、ミニストップが粗利分配のコンビニ会計を止め、営業利益の分配というチャージ方式に移行するなどの一定の成果につながったとはいえます。

しかし、コンビニ本部が本当に「加盟店優先」の姿勢を継続するかは、これまでのコンビニ本部のやり方や体質を見てきた者からすると極めて疑問です。また、コンビニに関わる問題なのですから、第三者による検討会のようなものではなく、コンビニ本部とオーナーとが直接対話する団体交渉の仕組みを提案し、自律的な解決を促せば良いはずです。立法も提言しないこの報告書がどこまで効果を有するのか疑問です。

(2) 公正取引委員会の動き

独占禁止法の執行対象としてのフランチャイズ

公正取引委員会は、独占禁止法の執行対象としてフランチャイズ本部とフランチャイズ加盟店との取引の公正性について従前から関心を寄せており、2009年6月22日には、セブン-イレブン本部に対し、加盟店の見切り販売の妨害行為をしているとして排除措置命令を出すなどしてきました。

2011年実態調査

公正取引委員会は、フランチャイズ本部とフランチャイズ加盟者との間の取引の実態について2011年7月7日付けで「フランチャイズ・チェーン本部との取引に関する調査報告書―加盟店に対する実態調査―」を公表しています。

当該調査はアンケート調査という限界があるものの、加盟者からの具体的回答が多数掲載されており、加盟者が置かれている実情を読み取ることができます。

①本部の開示内容と実際の内容との相違

「本部の開示内容と実際の内容とで異なっていた事項」につき、コンビニエンスストアでは「予想売上げや収支モデル額」との回答が53・0％、「経営指導の内容」との回答が27・9％、「店舗周辺の地域に本部の直営店又は他の加盟店を出店させる可能性の有無」との回答が24・0％、「更新の条件」との回答が23・1％であったといいます。コンビニエンスストア以外のチェーンでは、「予想売上げや収支モデルの額」との回答が44・4％、「経営支援の内容」との回答が33・3％、「経営指導の内容」、「ロイヤルティ」、「加盟金」との回答が各22・2％でした（同14頁）。

フランチャイズ本部と加盟者との間の紛争類型で最も多いのは、契約勧誘時あるいは締結時におけるいわゆる情報提供義務違反の問題ですが、これはまさしく「本部の開示内容と実際の内容とで異な」ることの問題です。

②解約や契約更新をめぐる問題

具体的な回答例として「加盟後、近年一方的に、本部が、本部の依頼に基づき消費者を装って加盟店のサービス状況等を調査する者による調査（以下「覆面調査員調査」という。）を導入し、その評価が、再契約（契約更新）の条件の一つとされているが、加盟契約時には契約更新の条件としてそのような話はなかった。」というもの（同17頁）、「本部が指定した仕入先よりも、インターネット等で独自に探した仕入先から商品を仕入れる方が原価を安く抑えられるため、多くの商品を独自に探した仕入先から仕入れたところ、本部側から解約等のプレッシャーがあり、独自に探した仕入先から仕入れ続けることが困難な状況にある」というもの（同21頁）、「契約期間満了後に本部と再契約（契約更新）するためには、経営指導員が指定した商品及び本部が指定した重点商品を、全て発注しなければ再契約（契約更新）ができない。」というもの（同24頁）などの記載があります。

従前から本部の加盟店に対する対応として問題と指摘されていた事項が繰り返し、かつ高い割合で生じていること、新規事業導入の押しつけや覆面調査を理由とする更新拒絶などの問題も生じていることなどが読み取れます。

事務総長会見

２０１９年４月24日に行われた公正取引委員会定例事務総長会見で、記者からコンビニの24時間問題について質問され、事務総長がこれに回答しています。要約すると、24時間営業を本部が決めていることで直ちには独占禁止法上の問題になるものではないが、契約期間中に事業環境が大きく変化したことに伴って、オーナー側が、優越的地位にある者に対して契約内容の見直しを求めたにもかかわらず、その優越的地位にある者が見直しを一方的に拒絶することは、優越的地位の濫用の一つの形態であり、「取引の相手方に不利益となるように取引を実施すること」に該当し得る可能性はある、というものでした。

コンビニ実態調査

2019年6月5日付日本経済新聞にて、公正取引委員会が、コンビニの人手不足の深刻化や人件費の上昇に苦しむ加盟店側から24時間営業の見直しを求める動きが出ていることから、コンビニ業界の実態調査を検討していることが報じられました。2011年の調査以来8年が経ちますが、引き続き、公正取引委員会がフランチャイズ業界の実態に関心を持っているといえます。また、コンビニ本部による自助努力では問題が根本的に解決しないと見ている可能性もあります。

この調査結果として、2020年9月2日、公正取引委員会は「コンビニエンスストア本部と加盟店との取引等に関する実態調査報告書」を公表しました。コンビニ加盟店を対象としたウェブアンケートで1万2000店を超える回答を得たとしており、またコンビニ本部への聞き取り調査を踏まえたもので、報告書の本体は237頁に及ぶ大部となっています。その内容はコンビニオーナーが現在置かれている状況を如実に明らかにするものであり、コンビニオーナーのみならず、フランチャイズ加盟を検討している方、その他フランチャイズ関係者必見の資料といいえます。

ここでは、重要と思われる事項について、何点か引用して取り上げてみたいと思います。

オーナーの資産（報告書68頁）

個人資産額、本部店舗型契約のオーナー（いわゆるCタイプ）のうち、「債務超過状態」が18・7％、「500万円未満」が46・7％とのことです。

Cタイプオーナーの個人資産が「債務超過状態」または「500万円未満」を合わせて65％超であることは注目です。これでは、何のためにコンビニオーナーになったのか分からないということになりかねません。ロイヤルティ率を下げるなど、オーナーの状況改善が急務の課題といえます。

加盟店の収支状況（同82頁）

売上高の中央値は1億8600万円（日販約51万円）。5会計年度前と比較すると年間745万円（1日あたり約2万円）の減少。営業利益の中央値は年間586万円（月48・8万円）。

5会計年度前と比較すると年間192万円（月あたり16万円）の減少ということです。

加盟店の売上高や営業利益は減少傾向にあり、オーナーが置かれている経済的状況の厳しさが数字にも表れています。

本部による加盟店募集時の説明状況（同109頁）

予想売上げ又は予想収益の額に関する説明（予想売上げ等だけでなく、モデル収益や収益シミュレーションも含む）に関して、加盟前に受けた説明よりも実際の状況の方が悪かったとの回答が最多の41・1％。説明内容と実際の状況に差異が生じた理由としては、多い方から来店客数が過大に見積もられていたため（63・3％）、人件費が過少に見積もられていたため（47・0％）、廃棄ロス、棚卸ロスが過少に見積もられていたため（43・8％）となっています。

他のフランチャイズ業態に比してコンビニ業界は、この点ではましかと認識していましたが、それでも4割以上で加盟前の説明よりも実際の状況が悪いという結果が出ています。売上や収益に関する説明について法的規制が必要だと思われます。

仕入について（同129頁）

本部から強く推奨され、意に反して仕入れている商品の有無が、「ある」51・1％。必要以上の数量を仕入れるよう強要された経験の有無が、「ある」47・5%。

また、指導員に無断で発注された経験の有無が、「恒常的にある」4・2%、「恒常的にではないが経験はある」21・5%、「本発注ではないが不要なものを仮発注状態にされたことがある」18・9%ということで、何らかの経験を持つオーナーが44・6%にのぼります。

加盟店に廃棄が出ても基本的には本部は痛みを伴わないため、必要以上の仕入れを迫られるという構造的問題があるといえます。

24時間営業（同153頁）

オーナーの1週間当たり店頭業務日数は「7日」が62・6%。現在の業務時間についての認識では、「どちらかといえば辛い」が32・5%、「非常に辛い」が30・2%。合わせて62・7%になります。

深夜営業の採算性は、「赤字である」が77・1%。

従業員・アルバイトに対するオーナーの認識は、「足りているが、少しでも辞められると不足する」が47・8%、「不足している」が45・7%となっており、93・5%のオーナーが従業員確保に課題を抱えています。

平均数値でみても、コンビニオーナーが極めて多忙なシフト業務に追われていることが分かります。業務時間が辛いと感じているオーナーが6割を超えており、過酷な労働環境が見えてきます。

自主行動基準（同186頁）

自主行動基準を公表した後の本部との関係について、「特に変化はない」が75・2%となっています。

コンビニ本部による自主的な改善には期待できないようです。

ドミナント出店（同191頁）

ドミナント出店に関する認識として、「デメリットを感じている」が41・8%、「どちらかといえばデメリットを感じている」が18・1%と、否定的評価が59・9%になっています。

1次商圏内のコンビニエンスストアの過剰感については、「多いと感じる」が43・0%、「どちらかといえば多いと感じる」が24・2%。同一チェーン競合と他チェーン競合ではどちらが売上減少につながるかについては、「同一チェーンの店舗」が70・2%となっています。

やはりオーナーにとっての脅威は、同一チェーン店舗が近隣に出店することです。過剰な近隣出店を抑制する方策が必要といえます。

公正取引委員会の対応

公正取引委員会は今回の調査結果を踏まえ、以下の５つの対応策を打ち出しています。

①本部に対する改善要請
②業界団体に対する要請
③フランチャイズ・ガイドラインの改正
④報告書等の周知
⑤違反行為に対する厳正な対処

公正取引委員会がフランチャイズ・ガイドラインの改正等に取り組むのは前進といえます。とはいえ、根本的な改善のためには、やはり本書で提案している法律の制定が必要と思われます。

(3) 次々と明らかになるコンビニ本部の問題

セブン-イレブン本部による残業手当不払い

2019年12月10日、セブン-イレブン本部は、2001年より残業手当の計算式の設定を誤り、加盟店従業員に長期にわたり残業手当の一部を支払っていなかったと発表しました。対象者は3万人、支払総額は4億9000万円に上るとのことです。

コンビニにおいては、加盟店の仕入代金の決済について本部が代行しているだけでなく、このように従業員への給与の支払も代行しています。本部がこのようなミスをおかすと、従業員の雇用主は加盟店オーナーですから加盟店オーナーに労働基準法違反をさせることになります。発覚したのに長期にわたり対応を放置しているとも報じられており、極めて問題です。コンビニ本部による支払代行について、加盟店が自店の会計なのに精査も検証もできない仕組みになっていることも、こうした問題が起こる一因となっています。

本部従業員による無断発注

セブン-イレブン本部従業員による商品の無断発注も報じられました。新商品や恵方巻きといった季節商品を、オーナー不在時に無断で大量に発注していたというのです。本部従業員は厳しい売上ノルマを課されており、これを達成するために行ったものと解されます。

コンビニ加盟店は本部とは独立した関係にある自営業者ですから、こんなことはあってはならない、言語道断な行為です。しかし、筆者は多くのコンビニオーナーからの相談を受ける中で、同種の行為があったという話を何度も聞いています。本部従業員は、口では「オーナー様」と言いながら、本音では自分の言うことに全て従わせる「将棋の駒」的な存在にしか思っていないのでしょう。

(4) コンビニ本部は変われるのか

2019年は、マスメディアを通じてコンビニの様々な問題が報道され、一般の人にもそうした問題が共有されることになったこと、こうした情勢を踏まえて行政にも動きがあったことから、コンビニ本部もこれにある程度は対応せざるを得ない事態となりました。

ファミリーマート本部は2019年11月に、2020年3月の契約改訂を機に加盟店の時短営業を原則容認すると発表しました。セブン-イレブン本部も2019年11月から、本部の同意が必要という条件付きで時短営業を容認するとしています。チャージ減額などの加盟店支援策も発表しています。

もっともチャージ減額によっても、加盟店の人件費増の負担を完全には支援できておらず、極めて不十分との指摘もあります。大規模な店舗の閉鎖・移転方針も、これまでコンビニ本部が決して認めていなかった「市場の飽和」を否定できなくなったことによるものといえます。

3　コンビニ紛争の根本問題

法規制がなく不平等契約書が野放し

コンビニを典型例とするフランチャイズ紛争がわが国において多発する原因を要約すると、①加盟店に圧倒的に不利で不公平で不平等な定型契約書が実務上で多用されていること、②わが国には安心してフランチャイズ加盟し得ることを加盟者に保障する実効的な法規制がないこと、の二点に尽きるといえます。

①の典型例は本間重紀編『コンビニの光と影』（花伝社、１９９９年）６頁で紹介されているものですが、セブン-イレブン本部がアメリカ型の契約書を、１・５億円の資金と1年半の期間をかけて、弁護士等の専門家に日本型に改造させたというコンビニ用のフランチャイズ契約書です。

この契約書は、本部の権利をあらゆる面で手厚くする一方で、加盟者の権利はほとんど剥奪されており、加盟者からみて契約上の対等性が全く見込めない、不平等で一方的に不利益な内容です。例えば、加盟者の商圏確保や契約更新の権利が条項上は全く保障されておらず、加盟者にとってやむを得ない事情から中途解約を申し入れようとしても高額な違約金が定められてやめられない、というものです。そしてコンビニチェーンを始めとする多くのフランチャイズ本部は、事あらば、契約条項を加盟者に不利に改訂し、その不公正さ、不平等さは年々ひどくなるばかりです。

交渉や裁判の場面では、加盟者側代理人は実務的に妥当な、解決を目指すためには民法法理(説明義務違反、信義則、権利濫用、信頼関係理論等)の援用を常に検討することになりますが、全ての事案においてこれだけで対応しきれるものではありません。韓国やオーストラリアで制定されている約款規制法や、それに類する法規制の必要性を強く感じます。

フランチャイズ加盟の方が廃業率が高い

２００４年11月１日に国民生活金融公庫(現日本政策金融公庫)総合研究所が発表した「新規開業企業を対象とするパネル調査結果」によると、同公庫の融資先で２００１年に開業した企業のうち、２００３年12月末までに廃業した割合は、フランチャイズに加盟していない企業が７・８％であるのに対し、フランチャイズ加盟企業は14・４％という結果が示されています。なんと、フランチャイズに加盟した方が、廃業率が高いというのです。

加盟店はフランチャイズ本部から経営ノウハウを提供してもらい、安定して事業を営むために加盟金やロイヤルティを支払っているのに、これでは何のためにフランチャイズ加盟したのか分かりません。少なくともわが国は、新規起業者が安心してフランチャイズ加盟できる市場ではないことは明らかです。

日本には安心してフランチャイズ加盟し得ることを加盟者に保障する実効的な法規制がないことが根本的な問題であり、これが①の不公正な契約書の蔓延を招いているともいえます。

4　フランチャイズ契約に関する規制と実情

(1) 中小小売商業振興法

現在の日本においては、フランチャイズを包括的・実効的に規制する法律はありませんが、関係する法律が全くない訳でもありません。

まず、中小小売商業振興法という法律があります。「この法律は、商店街の整備、店舗の集団化、共同店舗等の整備等の事業の実施を円滑にし、中小小売商業者の経営の近代化を促進すること等により、中小小売商業の振興を図り、もつて国民経済の健全な発展に寄与することを目的とする」（1条）法律ですが、コンビニエンスストアを典型例とする小売業のフランチャイズは、「連鎖化事業（主として中小小売商業者に対し、定型的な約款による契約に基づき継続的に、商品を販売し、又は販売をあつせんし、かつ、経営に関する指導を行う事業をいう。以下同じ。）を行う者」（4条5号）に該当し（特定連鎖化事業の運営の適正化）、かつ「連鎖化事業であつて、当該連鎖化事業に係る約款に、加盟者に特定の商標、商号その他の表示を使用させる旨及び加盟者から加盟に際し加盟金、保証金その他の金銭を徴収する旨の定めがあるもの（以下「特定連鎖化事業」という。）を行う者は、当該特定連鎖化事業に加盟しようとする者と契約を締結しようとするときは、経済産業省令で定めるところにより、あらかじめ、その者に対し、次の事項を記載した書面を交付し、その記載事項について説明をしなければならない。」（11条）と規定されている「特定連鎖化事業」に該当します。

したがって、法定された書面をフランチャイズ加盟希望者に事前に交付し、説明しなければならないとされています。

2002年3月に法改正があり、当時増加しつつあったフランチャイズに関する紛争に対応しようとしましたが、未だにあまり実効的な規制とはいえません。当該法律は小売業を前提としていますので、小売業以外の例えばサービス業などのフランチャイズには適用すらありません。

また、事前開示が要求される事項も極めて不十分です。フランチャイズ紛争のうち大きな割合を占めるのは、実際には達成しえないモデル損益と称する過大な売上高や利益の提示をして加盟者を勧誘するという、いわゆる情報提供義務違反をめぐる問題です。こうした類型の紛争を未然に防止するには、売上高や利益の予測の提示、あるいはモデル損益と称する売上や利益の数値を提示して勧誘する際の規制を行うことが必要ですが、同法はこれに全く言及していないのです。

(2) 独占禁止法・公正取引委員会のフランチャイズガイドライン

フランチャイズ本部は加盟者に対し、経済的にも情報・人材の面でも優越的地位にあり、また経営指導を加盟者に対して行うことから、「上下関係」にも似た力関係となり、独占禁止法違反の問題が生じやすいといえます。フランチャイズ本部の行為は、ぎまん的顧客誘引や優越的地位の濫用、拘束条件付取引などに該当しないかが問題となり得ます。

こうしたことを踏まえ公正取引委員会は、２００２年4月24日に「フランチャイズ・システムに関する独占禁止法上の考え方について」(フランチャイズガイドライン)を公表しています(最終改正、２０１１年6月23日)。

ぎまん的顧客誘引

「加盟者募集に際して、予想売上げ又は予想収益を提示する本部もあるが、これらの額を提示する場合には、類似した環境にある既存店舗の実績等根拠ある事実、合理的な算定方法等に基づくことが必要であり、また、本部は、加盟希望者に、これらの根拠となる事実、算定方法等を示す必要がある。」

「本部が、加盟者の募集に当たり、上記（2）に掲げるような重要な事項について、十分な開示を行わず、又は虚偽若しくは誇大な開示を行い、これらにより、実際のフランチャイズ・システムの内容よりも著しく優良又は有利であると誤認させ、競争者の顧客を自己と取引するように不当に誘引する場合には、不公正な取引方法の一般指定の第八項（ぎまん的顧客誘引）に該当する。一般指定の第八項（ぎまん的顧客誘引）に該当するかどうかは、例えば、次のような事項を総合勘案して、加盟者募集に係る本部の取引方法が、実際のものよりも著しく優良又は有利であると誤認させ、競争者の顧客を不当に誘引するものであるかどうかによって判断される。」

「①予想売上げ又は予想収益の額を提示する場合、その額の算定根拠又は算定方法が合理性を欠くものでないか。また、実際には達成できない額又は達成困難である額を予想額として示していないか。」

ここは、情報提供義務違反をめぐる紛争においてよく参照される箇所です。本部が加盟希望者に予想収益等を示す場合、合理的な根拠が必要とされるべきなのは当然といえます。

優越的地位の濫用

「加盟者に対して取引上優越した地位にある本部が、加盟者に対して、フランチャイズ・システムによる営業を的確に実施する限度を超えて、正常な商慣習に照らして不当に加盟者に不利益となるように取引の条件を設定し、若しくは変更し、又は取引を実施する場合には、フランチャイズ契約又は本部の行為が独占禁止法第二条第九項第五号（優越的地位の濫用）に該当する。」

「フランチャイズ・システムにおける本部と加盟者との取引において、個別の契約条項や本部の行為が、独占禁止法第二条第九項第五号（優越的地位の濫用）に該当するか否かは、個別具体的なフランチャイズ契約ごとに判断されるが、取引上優越した地位にある本部が加盟者に対して、フランチャイズ・システムによる営業を的確に実施するために必要な限度を超えて、例えば、次のような行為等により、正常な商慣習に照らして不当に不利益を与える場合には、本部の取引方法が独占禁止法第二条第九項第五号（優越的地位の濫用）に該当する。」

２００９年６月22日、公正取引委員会は、セブン‐イレブン本部が加盟店の見切り販売を妨害していたとして、排除措置命令を出しています。

公正取引委員会はフランチャイズ業界の動向について、独禁法の適正な執行という観点から関心を持っているといえます。もっとも、公正取引委員会が個別のフランチャイズ紛争をいちいち取り上げる訳ではありませんし、フランチャイズガイドラインに違反したことが直ちに私法上の法的効果を導くものでもありません。

(3) 一般社団法人日本フランチャイズチェーン協会の開示自主基準

フランチャイズ本部の任意団体として一般社団法人日本フランチャイズチェーン協会という組織があり、「ＪＦＡ倫理綱領」及び「ＪＦＡ開示自主基準」を定め、会員であるフランチャイズ本部に情報開示等を要請しています。

「フランチャイザーが、フランチャイジーに対価を得て提供する商品・役務、経営のノウハウは、すべて、過去の経験及び実績によって裏付けられたものとする。」「フランチャイザーは、フランチャイジーの募集にあたって、正確な情報の提供を行うものとし、誇大な広告や不当な表示をしない。」「フランチャイザーがフランチャイジーとなることを希望するものに提供する情報は、契約の内容、モデル店の過去の営業実績、フランチャイジーが必要とする投資額、フランチャイジーの収益予想など、フランチャイズをうけるか否かを判断するのに十分な内容を備えたものとする。」といった、フランチャイズ加盟希望者からみても至極当然というべき内容になっています。

しかし、同協会の２０１７年度「ＪＦＡフランチャイズチェーン統計調査」によると、２０１７年度のフランチャイズチェーン数は１３３９に及ぶのに対し、同協会に加盟しているのは３４７であり、その組織率はわずか25・９％に過ぎません。

同協会のホームページ上で事前開示書面を一般公開しているのはせいぜい80社、１００チェーン程度に止まり、全チェーンの１割にも達していないので、わが国の大多数のフランチャイズ本部は情報開示に極めて消極的であることが分かります。

業界の自主規制に任せていても、業界の健全化には何の関心もないため、全く期待できないということが分かります。

(４) 労働組合法の規制の適否――オーナー組合による団体交渉は可能か

コンビニ加盟店オーナーは自営業者であり、誰かに雇用されている訳ではありませんので労働基準法における労働者ではありません。ただし、労働組合法の労働者の概念は、労働基準法におけるそれとは同一ではありません。

労働組合法における労働者は「職業の種類を問わず、賃金、給料その他これに準ずる収入によって生活する者」と定義されていますが、実質的には使用従属関係にあるかによって決まるとされています。具体的には①当該企業の事業遂行に不可欠な労働力として企業組織に組み込まれているか、②契約の内容が一方的に決定されているか、③業務遂行の日時、場所、方法などにつき指導監督を受けるか、④業務の発注に関して拒否の自由がないか等をメルクマールとして判断されています。

例えば、管弦楽団の団員、劇場の合唱団員、プロ野球選手などは、労働組合法上の労働者として認められています。近時の類似の事案としては、公文式教室のフランチャイズ加盟店の教室指導者の組合が本部との団体交渉を求めた件で、東京都労働委員会は2019年7月31日、労働組合法上の労働者と認め、団体交渉を命じています。

コンビニ加盟店オーナー、とりわけいわゆるCタイプの契約をしているオーナーは、先ほど指摘したような使用従属関係が強いので労働組合法上の労働者に該当し、そうしたオーナーから結成された組合と本部は団体交渉に応じる義務があるのではないか、という問題です。コンビニ加盟店ユニオンに加盟するセブン-イレブンの加盟店オーナーとファミリーマートの加盟店オーナーがこの問題を労働委員会で争いました。

2014年3月20日、岡山県労働委員会は、加盟者は労組法上の労働者に該当すると判断した上で、会社が団体交渉に応じなかったことは、労組法上の不当労働行為に該当すると判断し、セブン-イレブン本部に対して「団体交渉のルール作り他」を議題とする団体交渉応諾及び文書手交を命じる旨を決定しました。

ファミリーマートの事案は東京都労働委員会に救済申立が行われましたが、2015年3月17日、東京都労働委員会は、「加盟者は、会社との関係において労組法上の労働者に当たり、会社が組合との団体交渉に応じなかったことは正当な理由のない団体交渉拒否である」と判断し、ファミリーマート本部に対して、誠実団体交渉応諾及び文書交付を命じることを決定しました。

2019年3月15日、中央労働委員会は「加盟者は、独立した小売事業者であって、会社の事業の遂行に不可欠な労働力として会社の事業組織に組み入れられ、労働契約に類する契約によって労務を供給しているとはいえない。さらに、加盟者は、会社から労務供給の対価として報酬を受け取っているということはできず、他方で、加盟者の事業者性は顕著である。以上を総合考慮すると、本件加盟者は、会社との関係において労働組合法上の労働者に当たると評価することはできない。したがって、会社が、本件加盟者らが加入する組合の団体交渉申入れに応じなかったことは、労働組合法第7条第2号の団体交渉拒否には当たらない。」として、地方労働委員会の判断を覆し、コンビニ加盟店オーナーの労働組合法上の労働者性を認めず、救済申立を棄却しました。

もっとも決定において、「本件における加盟者は、労組法による保護を受けられる労働者には当たらないが、上記のとおり会社との交渉力格差が存在することは否定できないことに鑑みると、その格差に基づいて生じる問題については、労組法上の団体交渉という法的な位置付けを持たないものであっても、適切な問題解決の仕組みの構築やそれに向けた当事者の取組み、とりわけ、会社側における配慮が望まれる」と付言していることに注目されます。

セブン-イレブンならセブン-イレブン、ファミリーマートならファミリーマートというチェーン内で、加盟店に共通の利害関係事項があれば、加盟店の正当な代表者と協議して決定するというのが、チェーン内での団体自治の形成や自律性という観点からも有意義なはずです。

コンビニ本部は、メディア対策なのか、社長が個別に加盟店オーナーと直接話をするかのような談話を公表していますが、そもそも社長は社長としてやるべき仕事がたくさんあり、加盟店オーナー全員と個別に話をしている時間などないはずです。加盟店の代表者と協議する方がずっと効率的なはずです。業界としてそのような制度を取り入れようと本部が考えれば直ちに実行可能なはずですが、全くそうした動きはみられません。

(5) 消費者契約法の適用可能性

消費者契約法は第1条で「この法律は、消費者と事業者との間の情報の質及び量並びに交渉力の格差に鑑み、事業者の一定の行為により消費者が誤認し、又は困惑した場合等について契約の申込み又はその承諾の意思表示を取り消すことができることとするとともに、事業者の損害賠償の責任を免除する条項その他の消費者の利益を不当に害することとなる条項の全部又は一部を無効とするほか、消費者の被害の発生又は拡大を防止するため適格消費者団体が事業者等に対し差止請求をすることができることとすることにより、消費者の利益の擁護を図り、もって国民生活の安定向上と国民経済の健全な発展に寄与することを目的とする。」と定めているとおり、事業者と消費者との取引において消費者の被害を防止させる観点から制定された法律です。

コンビニ加盟店オーナーなどのフランチャイズ加盟者は、元々は会社員で、事業に関する知識や経験がなくとも、フランチャイズ契約に際しては「事業者」となるため、同法の適用は通常はないものと考えられています。

もっとも、フランチャイズ本部と加盟者との間には、経済的な力関係が不平等で、事業分野における専門性や情報に関しても著しい格差があることから、場面によっては消費者被害と類似の問題が生じ得ます。とりわけ、フランチャイズ本部による情報提供義務違反が争点となるような事案がそれに該当します。

文献において次のような指摘があることは、知っておいて損がないでしょう。

「フランチャイズの契約について消費者契約法が適用されないことは前記のとおりであるが、『情報の質及び量並びに交渉力の格差に鑑み』、これらの面で劣後する者を保護すべきであるという消費者契約法1条の趣旨が、同法の対象外の領域には全く妥当しない、と解する根拠はない。フランチャイジーは、フランチャイズ契約を締結することによって、多額の投資を行うことになるのが通例であり、予想に反して事業が行き詰まった場合には、経済的な再起不能に陥ることもあり得る。」「知識、経験等に格差がある当事者間におけるフランチャイズ契約締結段階においてフランチャイザーが売上・収益予想を示す場合には、まずもって知識・経験等に優るフランチャイザーにおいて、合理的な根拠とリスクの説明を行う義務があり、リスクの説明もなく、その根拠の合理性にも疑いがある場合には、上記義務に違反すると解する多くの裁判例や論説の立場は、妥当なものといえよう。」（加藤新太郎編『判例check契約締結上の過失』342頁（第5編 新型役務提供契約、第1章 フランチャイズ契約）本田晃判事執筆）。

5 コンビニ紛争の実情について

わが国においてコンビニを典型例とするフランチャイズ紛争が多発する原因は、①加盟店に圧倒的に不利で不公平で不平等な定型契約書が実務上多用されていること、②安心してフランチャイズ加盟し得ることを加盟者に保障する実効的な法規制がないこと、の二点であることは説明した通りです。

それではコンビニ紛争の実情がどのようなものであるのか、コンビニ紛争の構造的な問題がどこにあるのか、第2章において、コンビニオーナーが直面している具体的な悩みを通じて探っていくこととします。

第2章 コンビニ紛争の構造的問題

1　コンビニの高いチャージ／ロスチャージ

●オーナーの悩み●

コンビニの売上高が低迷しているので、経費を削減しようと廃棄ロスを抑え気味にしています。しかし、コンビニ本部社員は訪問の際にいつも「商品が棚に無い時間があり、機会ロスが出ています。機会ロスが無いように品揃えを充実させてください」と指導してきます。仕入れを増やすと廃棄ロスにつながりますし、廃棄する商品の仕入れ代金は基本的に私が負担しており、経費の増大につながります。

廃棄する商品の原価のチャージ計算上の処理についても疑問です。本部社員に「廃棄ロスにチャージが掛かっているのではないか」と聞いても、「廃棄ロスにはチャージは掛かっていません」という回答であり、私の理解が間違っているのかと混乱します。

○回答○

粗利分配方式について

わが国のコンビニチェーンの大多数は、ノウハウの提供や経営指導の対価（「ロイヤルティ」

とか「チャージ」などと呼ばれる）の算定方式として、売上総利益（一般に「荒利」とか「粗利益」などと呼ばれる）を基礎として、これにチャージ率を乗じて算定する「粗利分配方式」を採用している、とされています。売上高から売上原価を控除した額である粗利を本部と加盟店で「分け合う」ので粗利分配なのだ、というのがコンビニ本部の説明です。

チャージ率は本部によって異なるものの、50％あるいはそれ以上の極めて高額なチャージ率が乗ぜられることが大半です。

例えば、売価１００円のおにぎり1個の売上原価が70円だとすると、粗利すなわち売上総利益は30円です。このうち半分以上を、コンビニ本部がチャージとして先取りしてしまう訳です。フランチャイジーではない小売業の個人商店と比較すると、売価１００円、原価70円という粗利30％の商品を販売するのではなく、売価１００円、原価85円、すなわち粗利15％の商品を販売しているのと同じです。コンビニ経営は、本部へのチャージ支払を考慮に入れると、このように「薄利多売」の商売なのです。

高いチャージ率

コンビニにおいてこのような高いチャージ率が設定されたのは、昭和50年代の経済成長が基盤にあった時代です。人件費も安く、人員募集にも特に困らない時代で、かつ現在のようなコンビニの飽和状態に至っておらず、売上高も右肩上がりの時代でしたので、こうしたチャージ率でもオーナーは生活できたのでしょう。

しかし現在は違います。時給水準は時代とともにどんどん上がり、それでも人手不足、他店や他業者との競争もあり求人の時給も下げられません。コンビニは既に都市部では飽和を指摘されるほど競合が多く、日本経済も長期間にわたる事実上のデフレ状態ですから、売上高の伸びは期待できず、どれだけ下げ止まれるかという状況です。

コンビニオーナーの労働状況や経済状況は悪化しており、果たしてこのような高いチャージ率を維持したままコンビニという業態を維持できるのか、疑問に思います。

三大経費という欺瞞

コンビニの三大経費は人件費、不良品（廃棄ロス）、品減りだとコンビニ本部社員は加盟店オーナーに説明しているようです。この説明には大いなる欺瞞を感じます。コンビニの最大の経費は、実はチャージです。少なくとも人件費の2倍以上は取られているはずです。

コンビニ本部は、粗利分配で粗利を本部と加盟店で分け合うという説明をするため、オーナーは、チャージは経費ではないかのように思い込まされます。しかし、チャージは経費です。チャージは、加盟店が預ける売上金から自動的に先取りされており、粗利からチャージが控除された残りを「オーナー総収入」として説明されるので、チャージは経費であるという理解になかなか至らない訳です。

累進チャージ制

コンビニオーナー自身が店舗を用意するAタイプと呼ばれる契約では、チャージ率は一定ですが、コンビニ本部が店舗を用意するCタイプと呼ばれる契約では、チャージの対象となる売上総利益額が上がるとチャージ率も高くなる累進制を採用している場合が多いです。コンビニオーナーが頑張って売上高を伸ばしても、半分以上を本部が先にチャージとして徴収してしまうのです。オーナーとしては一定の利益を確保できれば、それ以上頑張り過ぎるのは無駄だという判断になります。

コンビニ本部は、オーナーがたくさん儲けて存在感や発言力が増すことを恐れているように思われます。現在のわが国のコンビニに関するチャージ率は、「生かさず、殺さず」の設定だと言われても仕方がありません。

特殊なチャージ計算及びロスチャージ

中小企業者の事実上の会計基準となっている税務会計や企業会計原則を見ても、基本的には

「売上総利益」は「売上高」から「売上原価」を差し引いたもの、と規定されています。

通常の税務会計にしたがって売上総利益を計算すると次のようになります。

① **税務会計方式**

売上総利益＝売上高－売上原価
＝売上高－（期首在庫棚卸高＋期中仕入高－期末在庫棚卸高）

この計算ですと、売上原価に在庫棚卸において万引き等で無くなった商品の原価（棚卸減耗損。棚卸ロス原価などと呼ばれる）および廃棄された商品の原価（廃棄ロス原価などと呼ばれる）も自動的に組み入れられています。

② **コンビニ会計方式**

売上総利益＝売上高－純売上原価
＝売上高－（売上原価－廃棄ロス原価－棚卸ロス原価）
＝（売上高－売上原価）＋（廃棄ロス原価＋棚卸ロス原価）
＝売上総利益＋（廃棄ロス原価＋棚卸ロス原価）

コンビニの会計では特殊な計算方法を採用しています。売上原価から棚卸ロス原価、廃棄ロス原価を控除します。控除項目である売上原価から、棚卸ロス原価及び廃棄ロス原価を控除するので「マイナスのマイナス」となり、その分プラスとなります。すなわち、①の通常の売上総利益と比較すると、棚卸ロス原価及び廃棄ロス原価を加算したのと同じ結果となります。

③　①と②の相違

②の計算は①の計算に比べて、チャージの対象となる「売上総利益」が廃棄ロス原価＋棚卸ロス原価分だけ多いです。したがって、チャージは①よりも（棚卸ロス原価＋廃棄ロス原価）×チャージ率分だけ多くなります。ロス分を加算してチャージを賦課していると把握できるため、これを「ロスチャージ」と呼んでいます。

ところで、本部社員は加盟店オーナーに対して、

「売れた商品についてのみチャージを掛けています」

「仕入れた商品が全て廃棄となって売上高がゼロ円の場合を考えてください。この場合チャージも発生しません。したがって、廃棄ロスにはチャージは掛かりません」

などと説明していました。この説明では、よく理解していないオーナーを一層の混乱に陥れ、他方、十分に理解しているオーナーからは反発を食らうという結果を招いていました。①と②には述べたように明確に相違があるのですから、売上高がゼロ円といった極端な例を出して

オーナーを煙に巻くのではなく、正確に説明すべきだったといえます。

いわゆるロスチャージ事件

チャージに関する契約条項において、②のコンビニ会計方式を定めていると解釈できるかが争われたのがセブン-イレブン・ロスチャージ事件です（後述）。簡略にすると、問題となったのは次のような条項でした。

第A条（チャージ）

乙は、甲に対して、加盟店経営に関する対価として、各会計期間ごとに、その末日に、売上総利益（売上高から売上商品原価を差し引いたもの）に対し、付属明細書に定める率を乗じた額をオープン・アカウントを通じ支払う。

付属明細書

営業費とされるものは、1．一定量の品減り（棚卸減）の原価相当額、2．不良・不適格品の原価相当額をいう。

第A条だけだと、売上総利益の定義として「売上高から売上商品原価を差し引いたもの」という記載しかありません。肝心の「売上商品原価」とは何かがどこにも定義されていませんでした。したがって、これを税務会計にいう売上総利益（売上高－売上原価）であると加盟店が理解したという主張ももっともなことです。

本部の主張は、付属明細書の規定で、廃棄ロスや棚卸ロスは「営業費」に入るとされているのだから、売上原価に入れてしまうのはおかしい。売上原価からは当然控除されるべきと理解すべきだというのです。

最高裁判所は、契約条項にある「売上商品原価」とは「売上原価」を指すが、「売上原価」にはロス原価を算入する場合とそうでない（営業費に計上する）場合があり、ロス原価が営業費に計上されることが付属明細書に記載されている以上、売上原価からは控除されるべきであり、したがって売上高から控除される「売上商品原価」とは、前述した純売上原価の意味と理解すべきである、したがって、コンビニ本部の採用している計算式で問題ない、としました。

この問題は、セブン‐イレブン本部の契約条項の「解釈問題」としては決着をみたということになりますが、加盟店に不利な計算方式が採用されているという事実には違いありません。

計算してみて初めて理解できるコンビニ会計

コンビニ会計の特殊性は、自分で計算してみて初めてその相違を認識することができるとこ

【廃棄ロスが発生しない場合】

① 税務会計方式によるチャージ計算

売上高（100円×10個）—売上原価（70円×10個）＝売上総利益（300円）
チャージ＝300円×50％＝150円

加盟店取り分：150円
本部の取り分：150円

② コンビニ会計方式によるチャージ計算

売上高（100円×10個）—純売上原価（70円×10個）＝売上総利益（300円）
チャージ＝100円×50％＝50円

加盟店取り分：150円
本部の取り分：150円

【廃棄ロスが発生する場合】

① 税務会計方式によるチャージ計算

売上高（100円×８個）—売上原価（70円×10個）＝売上総利益（100円）
チャージ＝100円×50％＝50円

加盟店取り分：50円
本部の取り分：50円

② コンビニ会計方式によるチャージ計算

売上高（100円×８個）—純売上原価（70円×10個—70円×２個）
＝売上総利益（240円）
チャージ＝240円×50％＝120円

加盟店取り分：-20円（=120円−廃棄ロス原価（70円×2個））
本部の取り分：120円

ろです。例題として、売価100円のおにぎりの売上原価を70円とし、10個仕入れて全て売れた場合を想定します。チャージ率はここでは計算しやすいように50％とします。

このように廃棄ロスが発生しない場合には、①と②の結果に相違はありません。

続いて、同じおにぎりを10個仕入れて8個売れ、2個が廃棄となった場合を想定します。廃棄が発生した場合、①と②の計算結果ははっきり異なります。①の計算だと売上総利益は100円しかないので、これを50％ずつ分配すると加盟店が50円、本部が50円となります。しかし、②の計算だと、純売上原価に廃棄ロス分の原価を算入しないので、売上総利益がその分増えています。計算上増やされた売上総利益を前提に本部はチャージを先取りしますが(120円)、加盟店は廃棄ロス原価を負担しますから、なんと加盟店の取り分はマイナスです(マイナス20円)。本当の売上総利益は100円しかないのに、本部が加盟店に120円を請求しているのと同じです。コンビニオーナーにとっては、ロスが発生すると売上原価の負担に加えて重いチャージ負担が発生することが、計算を通じて分かるでしょう。

コンビニ会計方式チャージ計算と仕入れ強化指導

コンビニ本部社員は加盟店オーナーに、商品発注に関してどのような経営指導をしているのでしょうか。答えは「品揃え強化一辺倒」です。本部社員は「機会ロスの撲滅」ということを言います。「機会ロス」とは、お客様が来店した際に欲しい商品が陳列されていなかったら、あれば売れたはずの機会を逃してしまうことをいうようです。「品揃えを強化して、単品ベースで欠品を出すな」というのが本部社員の一貫した指導です。

しかし、よく考えてみてください。発注を増やして仕入れを充実させても、売れ残ったら廃棄となります。廃棄した商品の仕入は基本的に加盟店オーナー負担です。他方、コンビニ本部は先ほど述べた②の計算方式を採用しているので、廃棄になってもチャージ額はほとんど変わらず、何の痛みもありません。

加盟店オーナーからすれば、廃棄ロスはなるべく減らして純利益を確保したいと考えます。廃棄ロスの負担を負わないコンビニ本部は、常に「品揃え強化」を加盟店に押しつけます。加盟店オーナーにとって、本部社員はノルマに追われたセールスマンのようなものです。

またある商品（おにぎりA）が棚に無くとも、顧客は、棚にあった別の商品（おにぎりB）を購入したかもしれません。「棚にある商品がない時間」は「機会ロス」とイコールではなく、結局のところ「機会ロス」とは数値による検証が不可能な「概念」でしかありません。このような幻に経営を振り回される必要は全くありません。

アメリカには廃棄ロスチャージ問題はない

日本の契約の元となった米国のセブン-イレブンの契約書をみると、売上原価から廃棄商品にかかる原価を全て控除するとは記載されておらず、「加盟者側に責任のある廃棄」商品にかかる原価のみを控除すると記載されています。この「加盟者側の責任」とはどういう事態を想定しているのか、著者は従前から関心を持っていました。

著者は、2014年4月28日、日弁連主催のシンポに出席するため来日したハシム・サイード氏（FOAC理事、セブン-イレブンオーナー）に対し、米国の契約書で、売上原価から控除することになっている「加盟者側に責任のある廃棄」につき「消費期限切れの商品」が入るのかと質問しました。ハシム氏の回答は「入らない。消費期限が切れるのはフランチャイジーの責任ではないから」というものでした。

この回答には目から鱗が落ちる思いをしました。「そうか、時間が経って消費期限が切れるのは仕方がないことであって、加盟店オーナーの責任ではない。それはそうだ」と改めて気づかされました。

そうすると、廃棄に関するいわゆるロスチャージ問題というのは、少なくともアメリカには存在しないということになります。アメリカでは、売上高に占めるファストフードの割合は日本ほど高くないこともあり、日本におけるロスチャージ問題は米国のセブン-イレブンでは実際には発生していないと思われます。

○結論○

コンビニ加盟店経営者としては「廃棄ロスにはチャージが掛かっている」と考える方が簡明で、コンビニ会計への理解が早いです。機会ロスよりも廃棄ロスの減少を重視する方が、店舗の利益につながります。

○関連事件○

最高裁平成19年6月11日（『判例タイムズ』１２５０号76頁、セブン-イレブンロス・チャージ事件）

「契約書の特定の条項の意味内容を解釈する場合、その条項中の文言の文理、他の条項との整合性、当該契約の締結に至る経緯等の事情を総合的に考慮して判断すべき」とし、契約締結に際しての説明や付属明細書の営業費の規定などに照らして、セブン-イレブン本部の主張する「方式によってチャージを算定することを定めたもの」と判断し、加盟店勝訴の東京高等裁判所平成17年2月24日（『金融判例事情』１２５０号33頁）を破棄した上で、加盟店の錯誤の可能性について審理させるため差し戻しました。

なお、差戻審は錯誤無効を認めず、加盟店の請求を棄却し、確定しています（東京高等裁判

所平成19年12月27日判決、判例集未登載）。

最高裁判決には次のような補足意見が付けられました。

「本件条項の解釈として、上記のように解釈することが相当であるとはいうものの、本件契約書におけるチャージの算定方法についての規定ぶりについては、明確性を欠き、疑義を入れる余地があって、問題があるといわなければならない」「チャージがいかにして算出されるかについては、加盟店の関心の最も強いところであるから、契約書上それが加盟店となる者に明確に認識できるような規定であることが望ましいことはいうまでもなく」「廃棄ロスや棚卸ロスは、加盟店の利益ではないから、これが営業費として加盟店の負担となることは当然としても、本件契約書においては、これらの費用についてまでチャージを支払わなければならないということが契約書上一義的に明確ではなく、被上告人のような理解をする者があることも肯けるのであり、場合によっては、本件条項が錯誤により無効となることも生じ得る」「上告人の一方的な作成になる本件契約書におけるチャージの算定方法に関する記載には、問題があり、契約書上明確にその意味が読み取れるような規定ぶりに改善することが望まれるところである」

要するに、セブン-イレブンの契約条項では分かりにくく、問題だというのです。同本部はかかる補足意見を受け入れたのか、その後、チャージ規定に1文を追加し、チャージ規定だけでも、廃棄ロス原価や棚卸ロス原価を売上原価に含めないと理解できる条項に改訂しました。

2　本部による会計代行という謎

●オーナーの悩み●

コンビニ本部が提供する会計システムを用いて、本部の推奨する問屋（ベンダー）からナショナルブランドの商品を仕入れていますが、粗利益が30％にも届かず、加盟店1万店超の圧倒的な購買力を活かした仕入れのメリットが全く感じられません。この前、ディスカウントスーパーに入ったところ、同じ商品が、当店の仕入価格より低い価格で販売されており驚きました。本部が加盟店の会計処理を代行するのでオーナーは営業に専念できると本部はメリットを強調しますが、本当に加盟店のためなのでしょうか。日々送金させられている売上金がどのように処理されているのか、またリベートの処理が適切になされているのか極めて疑問です。

○回答○

商品は本部から仕入れるのではない

コンビニ加盟店は、本部から商品を仕入れているのではなく、本部が推奨するベンダーと呼ばれる仕入先業者から商品を仕入れています。商品の売買は、ベンダーと加盟店との間でなされます。加盟店は、本部のコンピュータシステムを利用して仕入先業者に直接発注することができ、商品は仕入先業者から直接加盟店に配送されています。

他方、商品売買代金の支払いに関しては、加盟店がベンダーに直接支払うのではなく、必ず本部を通すという決済代行が採用されています。ベンダーから加盟店に対して請求書が届くことはなく、加盟店への各請求が取りまとめられて本部に総括して請求され、本部は各加盟店の仕入代金を取りまとめて決済代行しています。

売上金全額送金制度

加盟店は毎日の売上金を、原則として翌日までに本部の指定する口座に全額送金しなければならないこととされています（売上金全額送金制度）。日々、加盟店が本部に送金するこの売上金をもって、先に述べた決済代行を行っています。

さて、この制度は加盟店からみて何かメリットがあるでしょうか。

通常の小売業の個人商店の場合と比較してみましょう。日本の商慣習では、例えば「毎月末日締め翌月20日払い」といった掛売り・後払いが主流です。日々の売上高は営業主の運転資金として運用することができます。この通常の会計方式であれば、ロイヤルティも当月分を翌月の支払日までに送金して支払うことになります。

コンビニ方式では、加盟店は売上金を毎日送金させられるのですから売上金の運用ということができません。他方、本部は全国の加盟店から送金される売上金を無利息で預り、ベンダーへの支払日までの資金運用の権利を得ています。先に売上金を加盟店から預るため、ロイヤルティを先取りでき、取りはぐれがありません。コンビニ加盟店は掛売り・後払いのメリットを享受できないのであり、これはまさに本部のための仕組みといって間違いありません。

オープン・アカウント

オープン・アカウントとは、「本部と加盟店間とのあらゆる債権・債務を処理する勘定科目」とされています。本部によるこのオープン・アカウントの運用が、極めて不平等で不透明な実態があります。

ベンダーへの支払日が翌月なのに、オープン・アカウント上は当月末日付けで、ベンダーへの支払債務が加盟店の本部に対する債務に計上されています。オープン・アカウント上、加盟店が借り越すと本部は利息を徴求することになっています。しかし、加盟店の貸越の場合には本部は利息を支払いません。このような前倒しの債務計上は、加盟店にとって不利な運用といえます。

会計帳票類の作成代行

コンビニ本部は、加盟店の損益計算書や貸借対照表その他の会計帳票類の作成を代行しており、加盟店に提供するサービスの一つと位置づけています。

しかし、本部が作成する「損益計算書」は、加盟店が税務上、経費として計上できる項目が網羅されているものではありません。本部が加盟店の会計を子細に把握し、ロイヤルティ（チャージ）計算の便宜のために作成しているものといえます。

加盟店の利益及び月次引出金

コンビニにおいては、売上金は全て本部が預かり、そこからチャージ、仕入代などの経費が支払われ、残った利益が本部から加盟店に送金されます。送金額は利益そのものではなく、月次引出金などと呼ばれる一定額となっています。

コンビニ加盟店は、日販50万円のお店でも年間1億8000万円を超える売上高となります。しかし、売上金はオーナーの自由にはならず、本部にいったんは全て吸い上げられてしまいます。オーナーはお金が右から左に流れるのを眺めているだけといえます。鵜飼の鵜であると言ってもよいかもしれません。加盟店の財布（レジ）も帳簿も全て本部が預り、管理しています。これが、独立した自営業者と目されるコンビニオーナーの実情です。

リベートの詳細の確認もできない

おかしなことですが、直接の売買当事者であるはずのベンダーから加盟店には請求書や領収書が発行されません。加盟店が見ることができるのは、コンビニ本部が作成している帳票類のみです。

しかし、これを見ても、どのベンダーにいつ支払ったのかは分かりません。リベートがどのように当該店舗に配分されたのかも分かりません。もっといえば、本部がベンダーから受けたリベートを配分せずに本部のものにしてしまっていたとしても、分かりません。２０１７年7月21日、公正取引委員会は下請法に基づき、セブン‐イレブン本部に対して勧告を行いましたが（後述）、ここで問題とされている「商品案内作成代」や「新店協賛金」が、加盟店との関係ではどのように処理されたのかも分かりません。

自店の会計の話なのに、オーナー自ら、直接確認することができないのです。ナショナルブランドの商品が、ディスカウントスーパーで自店の仕入価格より安い価格で販売されている。これではオーナーが疑念を持つのは当然です。また、リベートを勘案して、当該商品が実質的にいくらで仕入れられたのかが分からなければ、本部の推奨仕入先から商品を仕入れるべきなのか、あるいは別のルートで商品を仕入れるのが有利かといったオーナーの経営判断の機会が奪われていることにもなります。

裁判では、セブン-イレブン支払代行内容等報告請求事件（最高裁平成20年7月4日判決、後述）が、契約条項に定めがないとしても、セブン-イレブン本部が受任者として加盟店に支払代行の詳細について報告義務があることを認めました。しかし、報告内容の範囲について審理すべきとして差し戻された東京高裁平成21年8月25日は、支払代行にかかる受任者としてリベートの受領内容を含めた詳細を書面で報告する義務があることを認めたものの、それにかかる費用を加盟店の負担とする判決を出しました。

これを受けて、一部のオーナーが実際にセブン-イレブン本部に自店の支払代行の詳細の報告を求めたところ、セブン-イレブン本部は数十万円に及ぶ見積書をオーナーに出しました。そのような費用を支払ってまで自店の会計監査をしたいというオーナーはいません。こうしたセブン-イレブン本部の対応は、高額な費用請求を行うことでオーナーへの支払代行報告を事実上拒絶するものであり、前述した最高裁判決の趣旨を没却するものとして厳しく批判されるべきです。こうして、最高裁判決は「お蔵入り」してしまい、コンビニ会計の闇は一層深くなってしまいました。

前記最高裁判決から10年以上が経過しました。セブン-イレブン本部は、最高裁に報告義務があると判断されたのですから、オーナーに費用負担を求めることなく、簡易に決済代行の詳細を確認できるシステムを作ろうと思えばいくらでも作れたはずです。しかし、セブン-イレブン本部はそのような対応は取らずに今日に至っています。

○結論○

コンビニ会計の闇は深いです。リベートの処理が適切であるかどうかも現状では確かめる手段はまだ見つかっていません。コンビニ会計の透明化に向けて、ぜひ一緒に取り組んでいきましょう。

○関連事件○

最高裁平成20年7月4日判決（『判例時報』2045号148頁、セブン-イレブン支払代行内容等報告請求事件）

コンビニ本部は、コンビニ加盟店の商品代金の支払を代行しており、契約上は支払内容の報告について規定はないが、①商品の仕入れは加盟店経営の根幹を成すものであり、加盟店オーナーが自らの仕入代金の具体的な支払内容を知ろうとするのは当然であること、②コンビニ本部には商品の仕入れに関する情報が集約されており、その情報の範囲で報告をすることに大きな困難はないこと、③本件で民法の準委任の規定に基づく受任者の報告義務が認められない理由はないとして、コンビニ本部は加盟者に対して支払代行内容等の報告義務を負うと判断しました（原審破棄差戻し）。

公正取引委員会平成10年7月30日審決（ローソン1円納入事件）

株式会社ローソンが日用雑貨品の納入業者に対し、特段の算出根拠が無く、かつ提供すべき合理的理由がない金銭を提供するよう要請した行為、加盟店・直営店に対して日用雑貨品を1円で納入するよう要請した行為は、ローソンが日用品納入業者に対して優越していることを利用して正常な商慣習に照らして不当に金銭を提供させ、また経済的利益を提供させたものであり、不公正な取引方法第14項2号に該当し、独禁法19条に違反するとして、そうした行為の取りやめ、今後行わないことの周知徹底や公正取引委員会への報告を命じました。

公正取引委員会平成29年7月21日下請法に基づく勧告

株式会社セブン-イレブン・ジャパンが下請事業者76名から、「商品案内作成代」、「新店協賛金」を名目に下請代金2億2746万1172円を減額したことは下請法に反するとし、取締役会議での決議、社内体制の整備や社員に対する周知徹底、公正取引委員会への報告等を勧告しました。

3　営業時間の不自由

●オーナーの悩み●

当店の売上高が低迷しており、人件費を抑えるために日頃から自分が夜間は1人でシフトに入っています。最近は時給単価も上がり、人手不足のため従業員を募集するのも困難です。連休があるとアルバイトが休みを取り、シフトに入ってもらえないので自分でシフトに入り続けて36時間も家に帰れないこともありました。ひと月の勤務時間は厚労省の過労死の基準を遥かに超過しています。

命の危険を感じるので、限界が来た場合には臨時に、地方のため来客がほとんどない夜間の5時間ほど店舗を閉めて、何とか倒れないで済む程度の睡眠時間を確保したいのですが、本部は「24時間開いているのがコンビニ」「顧客の利便性」は絶対だと強調し、夜間の閉店を全く認めてくれません。

○回答○

時短営業するオーナーに多額の違約金請求

２０１９年2月、東大阪市のあるセブン-イレブンオーナーが時短営業を行ったことに対し、本部が契約違反を指摘して１７００万円の違約金を請求したとメディアで報じられました。セブン-イレブン本部の加盟店への対応を長年見てきた著者としてはさもありなん、という感想を持ちました。本部は、本部の言うことを素直に聞き入れないオーナーとみると、些細な契約違反をあげつらい、契約解除や更新拒絶、違約金の請求をチラつかせて脅してきます。

同年7月には1日限りの時短営業を通告した別のオーナーに、契約解除も含みにした警告書がセブン-イレブン本部から送付されたという報道もありました。同年8月時点での報道を見ても、東大阪市のオーナーが要望していた代表取締役への面会や、他の時短営業を希望する店舗に時短営業を認めること等については本部がこれを拒否しているということであり、紛争解決には未だ至っていない模様です。

契約による営業時間の拘束

セブン-イレブン（7-11）というチェーン名の由来になっていることからも分かりますが、午前7時から午後11時までオープンしているというのがお店の元々のコンセプトです。加盟基本契約書にも原則として午前7時から午後11時まで営業すると記載されています。

ところが付属契約書というものがあり、そこには24時間365日営業が原則と記載されており、これを変更するには本部の事前の書面による同意が必要と記載されています。コンビニオーナーはこの契約条項に縛られているというのが問題の根本です。他のチェーンの契約書も同様に24時間365日の営業が原則とされています。オーナーがコンビニ本部社員に事情を話して相談しても、「オーナーのシフトの組み方の問題で、努力が足りない」「時短営業はお客様に迷惑がかかる」などと取り合ってくれません。

顧客の「利便性」とオーナーの命と健康、どちらが大切なのか

昨今、人手不足が指摘されており、どこのコンビニでも従業員募集に苦労されているとのことです。消費者として店舗に行くだけでも分かりますが、従業員の主体は外国人、とりわけ留学生です。外国人留学生は週28時間までの労働が認められています（夏休みなど長期休業期間は1日8時間まで）。

ご相談のオーナーのように過労死の危険があり、そこまでいかなくとも生命・身体の危険があるような場合、時短営業を行うことは緊急的行為として許容されると考えます。人の命や健康より優先されるべきものがあるとは思いません。かかる時短営業を理由に解除や違約金を主

張するのであれば、当該条項は公序良俗に反して無効であり、また本部による権利の濫用として許されません。命より顧客の利便性が優先されるというのなら、これは現代の「奴隷契約」にほかならず、契約全体が公序良俗違反で無効ということになります。

まずは、タイムカードを利用するなどして自身の勤務状況を取りまとめてください。これを持参して医師の診察を受け、自身の身体の不調（睡眠不足、疲れが取れない、頭がぼーっとするなど）を訴えてください。医師は間違いなく、過労その他の病名を付けて、仕事を休んで安静にするよう言い渡すはずです。そして忘れずに診断書をもらってください。

災害協定の問題性

災害発生時の営業にも大きな問題があります。コンビニ本部は地方公共団体などと災害協定を結んでいます。これにより、災害発生時にコンビニは、食料や飲料品、日用品など物資の供給を行う被災地における拠点としての活動が期待され、また早期に営業再開を要請されることになります。

しかし考えてもみてください。地震、台風、大雨、噴火といった大規模な自然災害が発生した場合、コンビニオーナーやその家族、従業員もまた被災者です。被災者であるのに、例えば自宅の損壊や水没、自身や家族のケガといったことへの対応よりも、店を開けることを本当に優先しなければならないのでしょうか。本部社員が応援に駆けつけて本部社員のみで店のシフトを回すというのであればともかく、被災者である個人にそこまでの義務を課すのはいかがなものか。自分の被災状況が安定するまで閉店することは、これも不可抗力であり、当然に許容されるものと考えます。被災者も自衛として数日間の食料や飲料を確保して救援を待つべきで、コンビニに過度の期待をすべきではないと思います。

大きな自然災害が発生しそうな時、警戒情報や警報が発令された場合には、店舗を閉め、直ちに逃げてください。あなた自身と家族の命を守ることより優先されるものはありません。命あっての物種です。

本部の自浄作用に期待できるのか

２０１９年6月時点の報道によると、コンビニ大手各社は、今後は時短営業も認める方向であるとされています。しかし、これも警戒した方がよいと思います。おそらくは契約書を改訂して、すなわちオーナーの権利としての時短営業を認めるものではなく、例外的な事例として、本部の裁量で許可するという政策にとどまる可能性があります。あるオーナーには認めたが、あるオーナーには認めないという問題は起こらないか、その出方を見守る必要があります。

また、オーナーの団体との団体交渉を頑なに拒絶している本部の対応も疑問です。加盟店に共通する事項であれば、オーナーの団体との交渉を通じて解決を模索するのが自然です。これを拒絶している本部の態度は極めて疑問です。

○結論○

お金や顧客の利便性より人の命の方が大切です。身の危険を感じるようであれば、医師の診察を受けて診断書をもらい、本部に通告の上、夜間は店を閉めて、睡眠をとってください。

○関連事件○

東京高等裁判所平成24年6月20日判決（セブン-イレブン収納代行強制差止事件）

コンビニ加盟店がコンビニ本部に対して、午後11時から翌日午前7時までの間における深夜営業の強要禁止を求めたが、深夜営業は契約上の義務であり、深夜営業を行う場合にはチャージ率が2％低減されているから加盟店に不利益を与えるだけではない等を理由に優越的地位の濫用に該当しないとしました（加盟店敗訴）。

公正取引委員会平成31年4月24日付事務総長定例会見

記者からのコンビニ24時間営業についての質問に対して、事務総長の回答として、24時間営業を本部が決めていることで一概に独占禁止法上の問題になるというものではないが、契約期間中に事業環境が大きく変化したことに伴って、オーナーが優越的地位にある本部に対して、契約内容の見直しを求めたにもかかわらず、その優越的地位にある者が見直しを一方的に拒絶することは、「取引の相手方に不利益となるように取引を実施すること」に該当する場合もあり、独占禁止法上の優越的地位の濫用に当たる可能性がある旨述べました。

4　過剰な発注要請と食品ロス

●オーナーの悩み●

バレンタイン、ホワイトデー、クリスマスなどイベント時の本部社員による発注圧力がひどいです。昨年もたくさんの予約注文を取り、当日アルバイトにも声かけを積極的に取り組んでもらうなど苦労して販売しましたが、今年はさらに「前年比120%」という無茶な目標を設定されてしまいました。恵方巻きの時も本当に発注要請がきつく、結局120個発注しましたが、案の定、50個も売れ残り、廃棄となってしまいました。

食品ロスの削減が社会的に課題とされているのに、こんなことをいつまで続けなければならないのでしょうか。

○回答○

コンビニ本部による過剰な発注要請の背景

コンビニ本部の加盟店に対する発注指導は、品揃え強化一辺倒です。本部社員は日頃から、

「機会ロス」を撲滅することが大切で、そのために廃棄ロスを出すことを恐れてはならない、廃棄ロスを怖がって積極的な発注を尻込みしていたら縮小均衡に陥る、積極的な発注で拡大均衡を目指すべき等々と言っています。しかし、そもそも「機会ロス」があったかどうかなんて数値で検証できません。ある商品が棚にない時間があったとしても、その時間に来店した顧客がその商品を買い損なったかどうかは分からない訳ですし、それに似た商品を購入して満足して帰られたかもしれません。数字で検証できない概念を振り回しても、単にお題目を唱えるのとどこがどれだけ違うのでしょうか。

また、コンビニ本部は発注して何個売れたかには関心があっても、何個売れ残って廃棄ロスとなり、どれだけ店舗の損失を増やしたかについては全く関心がありません。廃棄ロスの悪影響については全く検証しないのです。

コンビニ本部による加盟店に対する過剰な発注指導の背景には、チャージ計算におけるコンビニ独特の計算方式があることは前述しました。廃棄が出ても全て加盟店の負担であり、コンビニ本部としては痛くも痒くもないので自社の利益最大化のためには加盟店には1円でも売上高を増加させる、すなわち発注を最大化することに専念していれば良いのです。他方、加盟店はそれでは困ります。売上高が上がっても、それ以上の廃棄ロスを負担させられたら、利益よりも損失が拡大します。コンビニ本部は、加盟店に対して廃棄ロスを極小化せよ、などとは絶対に言いません。逆に廃棄ロスを出せと言います。1日あたり、売価で1万5000円とか2万円といった「廃棄予算」を加盟店に組ませて、日々、過剰な発注をさせているのも普通です。

コンビニ本部によるこのような過剰な発注指導の背景としては、もう一つ、メーカーやベンダーとの折衝ということが考えられます。メーカーやベンダーとの交渉に際しては、一定量を購入するからということで値段交渉を行う。そしてその数を仕入れる以上は、各店舗に割りつけなければ消化しきれない。本部社員は上からの指示を受けて、各加盟店に対して、仕入数を増やすよう働きかける。本部社員は、各加盟店の利益のことを考えるというより、数をさばくだけのセールスマンでしかありません。

ノルマの圧力が弱い者に向かう構造的問題

コンビニでは、バレンタイン、ホワイトデー、クリスマス、節分の恵方巻きといった季節ごとのイベントが設定され、そうした季節商品をコンビニ本部はこれまた大量に加盟店に発注させようとします。前の年も色々無理を重ねてさばいたのに、本部社員は、前年比を下回ることなど到底許さず、「前年比120％」の発注を奨励したりします。しかし、お客にとっては、季節商品を購入するのはコンビニと限定されている訳ではありません。同じケーキやチョコレートも専門店でより美味しい商品を購入したいという人も多いでしょう。

コンビニ本部によるこうしたノルマともいうべき過剰な発注要請は、どこを捌け口とするでしょうか。それはオーナーよりももっと弱い立場の人に向かいます。アルバイトやパート従業員がオーナーから「予約活動に取り組んでほしい。予約が取れなかったら自分で買ってほしい」と言われたら、断りきれないのではないでしょうか。アルバイトには未成年者や学生もいます。社会経験の少ない彼ら／彼女らに「うまく断ればよい」などというアドバイスは可能でしょうか。コンビニ本部→加盟店オーナー→パート・アルバイトという上下関係において、上から圧力が掛かれば下にその影響が出るのは当然です。コンビニ本部の過剰発注要請は、現場のブラックアルバイト化を生んでいます。

見切り販売禁止

さて、バレンタイン、ホワイトデー、クリスマス、恵方巻きといった季節商品は、そのシーズンを過ぎてしまうと見向きもされなくなり、誰も購入してくれる人はいなくなるということになります。大量に発注してしまっているので、時間的に売れ残るのが確実であれば、値段を下げてでもなるべくたくさん売ってしまいたいと考えるのは極めて自然です。

販売期限が近づいた商品を値下げして売り切る「見切り販売」ですが、これまでコンビニ本部はこれを良いことだとはせず、見切り販売を推奨しない、反対する、場合によっては妨害までしてきました。「ケーキを値下げして販売したら、予約したお客様への裏切りとなる」、「一度値段を下げて販売すると、次からは下げた値段でしか買ってくれない」、「粗利が減って自らの首を締める」等々を理由に、加盟店に圧力をかけてきたのです。

平成21年6月22日、公正取引委員会はセブン-イレブン本部が加盟店の見切り販売を妨害していることが優越的地位の濫用にあたるとして、同本部に対して排除措置命令を出しました。

これにより、セブン-イレブン本部は加盟店の見切り販売を表立っては妨害できないこととなりました。しかし、見切り販売を「推奨しない」という方針は一切変更しておらず、見切り販売をしようとする加盟店は別の形で嫌がらせをされるのではないかと心配で実施に踏み切れないという声も聞かれます。

「もったいない」精神はどこに行ったのか

「廃棄予算」という指導がなされているように、コンビニでは毎日、本当にたくさんの食品が捨てられています。売価2万円の廃棄はコンビニでは決して多い方ではありません。500円のお弁当なら40個も捨てられていることになります。これが毎日です。

農林水産省の統計によれば、平成30年度のわが国のカロリーベースの食料自給率は37%だそうです。日本は多くの食料を外国から輸入しています。にもかかわらず、まだ食べられるはずの大量の食品を廃棄しています。食品ロスの問題は、今や大きな社会問題となっています。コンビニも例外ではありません。

コンビニオーナーやコンビニで働く従業員は、あまりにたくさんの食品を捨てるために最初はショックを受けると言います。あるオーナーはそのことを「こんなことをしていたら罰が当たると思った」と述べていました。しかし、そのことを本部社員に相談しても「オーナーさん。そんなことを考えていてはコンビニは経営できません」と言われ、「人間としての心を捨てる」気持ちで、毎日、廃棄を処理していたそうです。

日本語には、「もったいない」という優れた言葉があります。この言葉は、「ＭＯＴＴＡＩＮＡＩ」として世界共通語にもなっています。しかし、コンビニ業界において行われている食品の大量廃棄を止めない限り、日本は世界で「尊敬されない国」になっていくことは確実でしょう。

著者は、日弁連の外国フランチャイズ法調査団のメンバーとして、米国、韓国、オーストラリアを訪問しました。その際、２００５年６月６日の毎日新聞の１面の記事のコピー（あるコンビニ店で１日に廃棄する商品を並べて撮影した写真が掲載されているもの）を持参して、機会があったらそれを見せて意見を聞きました。誰もが「なぜ日本では、このような馬鹿げたことをしているのか」という感想を述べていました。このような馬鹿げたことは、一刻も早く止めるべきです。まずは、コンビニ本部は加盟店に対する過剰発注指導とイベントごとの発注競争を止め、見切り販売その他加盟店が売り切るための方策をいつでも自由に行えるように環境を整えるべきです。

コンビニ利用者も、「なぜこのお店は、お弁当とかおにぎりが売り切れている時間帯があるのだ」ではなく、「棚が空になる時間帯があるのは、このお店が食品ロスを出さないように売り切る努力をしているのだ」と意識を変革する必要があると思います。

◯結論◯

無意味な過剰発注競争を直ちに止めて、食品ロスや廃棄ロスを減少させましょう。環境にもやさしく、加盟店の利益も確保されます。

◯関連事件◯

公正取引委員会平成21年6月22日排除措置命令

公正取引委員会は、セブン‐イレブン本部に対して、本部社員が加盟店に対して、見切り販売を行おうとしたときにこれを行わないようにさせ、見切り販売をとりやめないときは、加盟店契約の解除等、不利益な取扱を示唆して止めさせる行為が、加盟者が自らの合理的な経営判断に基づいて廃棄にかかるデイリー商品の原価相当額の負担を軽減させる機会を失わせているとし、これが不公正な取引に該当するとして、そうした行為を行わないよう同社に対応を命じました。

東京高等裁判所平成25年8月30日判決（セブン-イレブン見切り販売妨害独禁法25条訴訟、『判例時報』2209号12頁）

前記排除措置命令が確定したことを受けて、複数のオーナーがセブン-イレブン本部を相手に独禁法25条に基づく損害賠償請求を提訴しました。加盟店に対する個別の妨害行為が認定され、セブン-イレブン本部に対して損害賠償が命じられました（加盟店一部勝訴）。

5　社会インフラとしてのコンビニとオーナーの負担

●オーナーの悩み●

日販が50万円前後で、ひと月の営業利益もおおよそ50万円ほどです。私が毎日10時間シフト労働に入っていますが、妻にも平均して毎日6時間ほどシフトに入ってもらっています。人手不足のため、良い人材は取り合いとなっています。募集する時給単価も上がってきていて、ますます生活は苦しくなっています。本当は店長となるべき人を正社員として雇用したいのですが、社会保険加入もしなければならないことになると、私たちの生活費も出なくなります。現状は留学生がアルバイトに来てくれているのでシフトが回っていますが、今後の見通しが心配です。

○回答○

オーナーが長時間労働を強いられる構造的問題

１日の売上高（日販）が50万円というのは、わが国のコンビニとしては平均的な売上高といえます。月商１５００万円、年商にすると１億８２５０万円ということになり、他の小売業からみると随分と立派な売上高に見えます。

1か月の粗利益は（粗利益率30％弱として）420万円、このうち約半分をチャージとして本部が先取りします。残りの210万円から、人件費その他の経費を支払うと、残るのはせいぜい50万円ということになります。

原則として24時間365日営業を続けるコンビニでは、やらなければならない仕事が山ほどあります。レジ打ち、接客、発注、品出し、清掃、廃棄処理といったシフト労働、これに加えて、経営者の仕事として経営方針策定、売上管理、人材の雇用、教育、本部社員との打ち合わせ、税務申告等々。

日販50万円の店舗で月利益50万円を出すには、オーナーとその家族でシフト労働を毎日16時間こなすことが前提とされていたりします。コンビニオーナーには前述した経営者としての仕事があるのに、これに加えて毎日10時間のシフト労働をこなさなければならないというのは、どういうことでしょうか。これはコンビニ本部が、チャージについて、オーナーとその家族が長時間のシフト労働に入って初めて月50万円の利益をようやく確保できる程度に設定しているから、というのがその答えとなります。

コンビニ本部は、チャージを粗利益に課金し、加盟店による人件費その他の経費支払いの前に先取りしています。加盟店にはぎりぎり生活できる程度にしか取り分が残されていません。

コンビニ本部は最初から加盟店オーナーを「生かさず、殺さず」の状況にコントロールしているのだといえます。

社会インフラとしてのコンビニとは

わが国における多くの現代人にとって、コンビニは生活に欠かすことの出来ない、無くてはならない社会インフラと考えられています。コンビニは、公共料金の収受、宅配便や郵便の受付、銀行のATMとしての窓口、住民票の発行など、公共的な役割も担っています。これに伴い、質的にも量的にもコンビニの業務は増え続け、高度化しています。

忘れてはならないのは、その担い手は個人自営業者である加盟店オーナーである、ということです。わずかな手数料と引き換えに、公共的な業務も次から次へと引き受けさせられています。コンビニを利用する私たちも、応分の負担もないまま、公共的機能をコンビニに引き受けさせていてよいのか、考え直す時期に来ていると思われます。

最低賃金の上昇と「時給1500円」運動

昭和の高度経済成長期には、さほど高くない時給でもアルバイトが確保できていたのでしょう。しかし、最低賃金は年々上げられてきました。ついに東京と神奈川では1000円を超す最低賃金となっています。コンビニ加盟店オーナーが負担する人件費はどんどん上がってきています。それに伴い、コンビニ加盟店に残る利益は減る一方です。

他方、最低賃金として「時給1500円」を目指すという社会運動が注目されています。最低限そのような時給が確保されなければ非正規雇用労働者が人並みの生活を送れないという根拠を有しており、これはこれで理解できます。もっとも加盟店オーナーとしては時給1500円になったら、人件費の負担が高すぎて、とてもではないがコンビニの経営なんかできないというのが実感ではないでしょうか。

昭和50年代に設定された「生かさず、殺さず」のチャージ設定は、人件費の高騰などにより、オーナーが生活できないところまでオーナーを追い詰めているといえます。コンビニを社会が必要とし、今後も維持していくというのであれば、オーナーとその家族が普通に生活できる程度にチャージ率を下げるほかはないと思われます。

困難を極める人材確保

最近ではどこも人手不足であり、パート・アルバイトを募集しても満足に雇用できないという声をオーナーから聞きます。多くの店舗では留学生と思われる外国人が店員として勤務しています。外国人留学生は、最大週28時間までの就労が認められています。夏休みなど長期休業期間中は1日8時間までの就労が可能とされています。彼ら、彼女らなしには今のコンビニは成り立たないと言えるでしょう。

もっとも、コンビニでのアルバイトは覚えなければならない仕事が多岐にわたっており、大変だということも留学生の中で常識となりつつあり、同じ時給をもらえるのなら飲食店の方が楽という傾向もあるようです。コンビニにおける人材確保は、今後も様々な困難があることが予想されます。

オーナーを悩ませる社会保険加入問題

コンビニにおける社会保険加入問題がオーナーを悩ませています。労災保険は必ず加入する必要があります。雇用保険は、1週間の所定労働時間が20時間以上の労働者を1人以上雇用したら加入しなければなりません。

問題は、厚生年金保険と健康保険です。コンビニを法人で経営している場合、いずれも適用事業所となります。コンビニを個人で経営している場合でも、常時従業員が5人以上の場合にはやはり適用事業所となります。

被保険者となる従業員は、一般社員及び一般社員の所定労働時間及び所定労働日数の4分の3以上ある従業員です。

この厚生年金保険や健康保険ですが、コンビニ本部が作成する損益計算書には項目として上がっていません。これをオーナーが正しく支払おうとすると、本部が作成する損益計算書ではオーナーの利益のように見える営業利益（本件だと50万円）から負担しなければならないことになります。

正社員や週20時間以上勤務するパートを抱えていれば、その負担額はすぐに十数万円に達します。大まかな計算ですが、月の人件費１３０万円に対して社会保険料負担は約14％、18万２０００円となります。こんなに負担が増えてしまったら、加盟店オーナーはこれでは到底やっていけないし生活できない、ということになります。

加盟店オーナーとしても法律を守り、従業員を守りたい気持ちは山々であるけれども、とてもそれをする余裕がない、というのが実情だと思われます。

結論としてはチャージが高すぎるのであって、コンビニ本部は加盟店と向き合い、きちんと対話して、社会情勢の変化に応じた相応の負担を負うべきです。

○結論○

人件費の高騰や社会保険料負担は今後もコンビニオーナーが避けては通れない問題です。本部に対して、社会情勢の変化に応じたチャージ制度の見直しを求めるほかはないでしょう。

6　行き過ぎた近接出店

●オーナーの悩み●

　同じ道路沿いのわずか500メートル先に同一チェーンの新店が開店しました。近隣への新店出店計画を知って、「同じ商圏内の顧客の取り合いになる」と訴えましたが、本部は「交通調査をしたが影響なしとの予測です」と全く聞く耳を持ちませんでした。新店が開店すると即日売上高が15％も減少し、その影響は現在も続いています。しかし、本部は「オーナーの営業努力が不足しているから」とまったく取り合ってくれません。

○回答○

本部のドミナント出店戦略

　コンビニ本部は、ある地域に出店する際には、1店ではなく複数店を出店させるという集中出店方針を取っており、ドミナント（支配的）出店などと呼んでいます。1店での出店では物流効率が悪いため、これを高めること、広告の効率化、知名度の確保、競合他社の出店抑制などの目的があるとされています。

もっとも、ドミナント出店をコンビニ加盟店オーナー側からみると、全く別の様相となります。近隣に出店するコンビニが他チェーンであれば、商品やサービスの差異化が図れ、本部と一体となってこれに対抗しようということになります。

しかし、同じチェーンの新店が近隣に出店したらどうでしょうか。同一チェーンであれば提供する商品もサービスも全く同じですから、差異化・差別化を図ることができません。顧客としてはどちらのお店に行っても同じ物が購入できるのですから、当然近い方に行くでしょう。その結果、従前の商圏の一部は新店に奪われることになり、自店の売上高の大幅減少に直面します。

また、店舗の新しさや最新の什器、駐車場の広さなどによって新店に魅力を感じる顧客もいるかもしれません。これでは本部と一体となって営業を頑張ろうということにはならず、本部とは対立関係になること必至です。

コンビニ加盟店オーナーに商圏はない

この問題もまた契約条項の問題でもあります。契約書には「コンビニ本部は加盟店に一定の地域を画して排他的・独占的な商圏を与えるものではない」、「コンビニ本部は、いつでもどこでも新たな店舗を出店できる」などと記載されています。したがって、文字どおりの近接地でも、原則として出店が可能な条項となっています。もっとも、申し訳程度に、「加盟店の営業努力に十分報いるようにコンビニ本部は配慮する」と付け足されています。

現実には、既存加盟店オーナーに近隣の出店を予め打診することはなく、新店の出店が決まった場合には一方的に通知するだけで、売上高減少の不安を訴えるオーナーに真摯に向き合うこともありません。本部社員は、出店前は「影響があるかどうか分かりませんし、事前調査ではほとんど無いと想定しています」などと言います。出店後、実際に売上高減少という影響が出ても「本当に新店の影響かどうか分かりません」「オーナーさんの営業努力が足りないのではないですか」などと突き放します。

都市部では既に飽和を指摘されるほどコンビニの店舗数が増えている中、コンビニオーナーは、他チェーンの近接出店のリスクだけでなく、同一チェーンの近接出店のリスクまで負わなければなりません。オーナーが負担しなければならないリスクは増える一方です。

ちなみに著者の事務所の周囲を見ても、最寄り駅から100メートルくらいの同一動線上に、三大チェーンのコンビニがそれぞれあります。近隣のミニスーパーとも競合しているでしょう。これ以上コンビニを増やしても、誰も幸せにならないと思います。

近接出店された場合の対抗策はあるか

新店が近接出店したことによって自店の売上高が減少しているのですから、自店の営業努力に対して十分に配慮していないとして、コンビニ本部に対応を求めれば良いでしょうか。理屈としてはその通りなのですが、あまり期待できません。同一のサービス及び同一の商品を提供する同一チェーン店舗同士で商圏を割ってしまっているのですから、根本的な解決策があろうはずがありません。

本部社員が持ってくる提案は「潜在的顧客を掘り起こす」「接客を良くして顧客の満足度を上げる」といった精神論か、「前年比売上高１０５％に」といった画餅の計画書作成、「品揃えの充実による機会ロスの減少」といったいつものお題目を唱える程度だろうと想定されます。

新店との差異化・差別化を図るには、新店ではまだ行っていないであろう見切り販売や値下げ販売を実施し、それにより廃棄ロスを減らすといったような、コンビニ本部社員が「決して勧めない」方策を独自に考え、独自に実施するほかはないと思われます。

○結論○

新店は自店と同一チェーンに属しており、全く同じ商品・サービスを提供するのですから、差異化や差別化は容易ではありません。しかし、加盟店オーナーの話に聞く耳を持たず、自店を守ってくれないコンビニ本部社員も当てになりません。見切り販売その他独自の方策を考えるしか、当面の手立てはないでしょう。

○関連事件○

福岡高等裁判所平成25年3月28日判決（『判例時報』２２０９号10頁②事件）

コンビニ加盟店が、フランチャイズ本部による近隣地域への他店舗の出店が加盟店契約の信義則上の義務に反するとして、債務不履行ないし不法行為に基づき、減少した利益につき損害賠償を求めた事案ですが、「商圏の一部が重なるものの、上記出店によって集客に大きな変動が生じたとは考え難く、本件店舗の売上げの減少につき他の要因があったことからすると、本部が新規出店をしたことが信義則に違反するとは認められない」として、違法性を認めませんでした（加盟店敗訴）。

東京地裁平成29年10月16日判決（『判例タイムズ』１４５０号２０１頁）

コンビニ元加盟店が、フランチャイズ本部による近接地域への他店舗の出店は事前に既存店オーナーである原告との間で十分な協議などをせず、新規出店による売上減少に対して代償措置や緩和措置をとらなかったことは、加盟店基本契約上の営業努力配慮義務に違反し、又は不法行為にあたると主張して、損害賠償を求めた事案です。東京地裁は、「新規出店が加盟店契約上の債務不履行又は不法行為に該当するとはいえない」とし、「新規出店の前の説明や、既存店舗への支援策を行った本部の対応が、契約条項や信義則に違反するものではない」として請求を棄却しました。

7　大手チェーンによる中堅チェーンの吸収合併

●オーナーの悩み●

中堅チェーンの加盟店としてコンビニを経営してきましたが、当チェーンの本部が大手コンビニチェーンに買収され、チェーンごと吸収合併されることになりました。独自の赤い看板を誇りに長年経営してきましたが、買収直前の本部の対応は、新商品も開発しない、テレビコマーシャルも打たない、どうせ買収されるからと本部社員のやる気もゼロでした。

吸収後は、本部社員が毎日のようにやってきて、「看板を掛け替えましょう」「ブランドを新しくすればオーナーも幸せになれます」「新しい契約書に押印してください」と執拗に勧めます。吸収された先の本部の契約書だとチャージ率が高くなり、この店舗の立地と売上高では、到底やっていける見込みが立ちません。私が「緑の看板に掛け替える意思はないので辞めさせてほしい」と言うと、「それなら中途解約となり、違約金を支払ってもらいます」とのことでした。呆れ果てて、心身とも疲弊してきました。どうしたらよいでしょうか。

◯回答◯

中堅チェーンのオーナーの悲哀

コンビニの飽和が指摘される時代となりましたが、中堅チェーンコンビニは、そのブランドも維持できずに、大手傘下に吸収されるという例が増えてきました。サンクスとサークルKは合併効果を発揮することができず、ファミリーマートに吸収合併されることとなりました。

吸収合併する側のファミリーマートとしては、業界2位のローソンを追い抜き、最大手のセブン‐イレブンに店舗数で迫ることが目的だったと考えられます。そのため、現場社員には、「オーナーを辞めさせるな。必ずファミリーマートに転換しろ」との号令がかかったものと想定されます。

著者が相談に乗ったオーナーも、毎日のように本部社員からブランド転換と契約書の締結を迫られ、心身ともに疲弊しきっていました。

コンビニ本部社員の取るべき態度

吸収される側のコンビニ本部社員は、オーナーにどのような態度を取るべきでしょうか。まずは「私たちの力が足りず、ブランドを守ることができませんでした。誠に申し訳ありません」と率直にオーナーに謝罪すべきであると著者は考えます。オーナーは大手ではなく、中堅のそのブランドをあえて選択して加盟してくれたのですから、契約期間中はブランドを守るのが本部社員の仕事のはずです。しかし本部社員は誰も頭を下げるどころか、ブランド名やサービス内容は本部の側で自由に決められることなので、本部には何の落ち度もない、ブランド転換に応じないのなら違約金を支払ってくれ、という居丈高な態度でした。

新商品の開発もしない、コマーシャルも打たない、コンビニ本部としてなすべき義務を全て放り投げておいて、このような態度に終始するので驚きました。本部社員も、どこのブランドでも仕事があればいいや、ということなのでしょうか。ブランドに対する誇りもなければ矜持もない、というのは情けない限りです。

オーナーがどんどん辞めていくとなると、吸収合併して店舗数を増やした意味がなくなるということで、現場社員にも圧力が掛かっていたものと思います。それにしても、筋も通っていなければ義理も欠いた対応でした。

近隣店舗は敵か味方か

このようなチェーンの吸収が行われると、現場では何が起きるでしょうか。昨日までは近隣競合チェーンと戦ってきたはずなのに、今日からは当該競合店と同じ看板を掲げなければならない、ということになります。これはドミナント出店と同じことになります。同一チェーンは同じ商品、同じサービスを提供するのですから、差別化ができません。昨日までよりも厳しい戦いを強いられる可能性もあります。

本件は、コンビニ本部がコンビニ飽和時代を勝ち抜くことができず、自社ブランドを維持することができなくなり、大手チェーンの軍門に下るしか道がなかったという問題です。コンビニ本部がブランド維持義務を履行できなかったという問題であり、落ち度のない加盟店オーナーに責任を転嫁してよい問題ではありません。

コンビニ本部が加盟店オーナーに頭を下げて、無条件で中途解約するか、新ブランドに移行するかお選びください、というのが本来の筋です。店舗数の維持が優先事項になってしまっていて、コンビニ本部は事の道理を忘れてしまっています。

○結論○

この問題は、加盟店オーナー側には何の落ち度もなく、コンビニ本部が自社のブランドを維持できず、競合チェーンに負けて吸収されたというのが本質です。違約金を支払う道理などないので、弁護士を通じて強く本部と交渉していくしかないでしょう。

8　辞める権利もないが、続ける権利もない

●相談●

コンビニを経営して3年目ですが、開店直後に競合店の出店があり、売上低迷に苦しんでいます。店を手伝ってくれている家族も「大変なのでもう辞めたい」と言っています。本部社員に何度か相談していますが、「オーナーさん違約金支払えますか？」「最低5年間は頑張ってください」と言うだけです。

友人もコンビニを経営しており、そちらはうまくいっているようですが、早期にリタイアして子どもに経営を継がせようと思っているのに、本部に反対されているとのことです。

○回答○

中途解約を許さない高額な違約金

コンビニを出店しても思うように利益が上がらないとか、ご自身や家族の状況の変化により、経営を中途で辞めたいということはあり得る事態です。コンビニ経営も、自己の資本と労働を

投下し、そこからの利潤を享受しようとするものですから、投資としての側面があります。例えば、上場株式への投資の場合には、利益を出すことを目的として購入する訳ですが、思惑とは反対に値動きした場合、損失を最小限に食い止めるために損切りを考えることがあります。

しかし、同じ投資という側面を有するコンビニ経営においては、この損切りが簡単ではないのです。中途解約の条項に高額な違約金規定が付されており、簡単には辞められません。加盟店が違約金の支払なしで辞められるのは開業から5年経過後で、かつやむを得ない特別な事情がある場合のみです。5年経過してもやむを得ない特別な事情がなければ違約金の支払が必要であり、5年未満の中途解約では、やむを得ない特別な事情があっても違約金の支払が必要です。しかも、やむを得ない特別な事情であるかどうかは本部が判断することになっており、売上高が低迷していても、認めてもらえないこともあり得ます。

経営をいつまでも「続ける権利」は保証されていない

契約締結前には「コンビニ加盟店オーナーは定年がない仕事です」と勧誘を受けたかもしれません。加盟店オーナーの方の多くも、「体力が続く限りはこの仕事を続けたい」と考えているのではないでしょうか。

しかし、契約上、そのように経営をいつまでも継続できるとはどこにも書いていません。著者によるこの指摘を疑問に思う方は、この際、ご自身の契約書を取り出して、更新に関する条項をよく読んでみてください。甲（＝コンビニ本部）と乙（＝加盟者）のいずれかから書面による申し出がなければ更新する、といった内容ではありませんか？　この条項の正しい読み方は、「乙の経営に特段の問題がない場合でも、甲から更新しないと通知したら、契約更新はされない」ということになります。

この条項を文字通りに読めば、本部はさしたる理由がなくとも更新拒絶ができることになります。すなわち「このオーナーは本部に文句ばかり言うので気に入らないから更新しない」ということも可能になります。10年間あるいは15年間、地域に密着して地域住民から信頼を受け、店の信認度を上げ、懸命に努力してきても、コンビニ本部の胸先三寸で「さようなら」と言われ、店舗を奪われる心配があるのです。実際、そのような理不尽な更新拒絶通知を受けたオーナーはたくさんいます。

家業ではないから子供に後を継がせることもできない

自営業者として、事業を成功に導いたのであれば、自分の子供やあるいは後を託すことができる後継者を見つけて、事業を継続していってもらいたいと思うのは普通のことです。

しかし、フランチャイズではそうはいきません。加盟店オーナーの死亡は契約終了事由とされています。どんなに頑張って繁盛する店舗にしたとしても、相続させる権利もなければ、事業の後継者を指名する権利もありません。本部が了承した場合にのみ契約継続を認める、という扱いになっています。頑張って利益の上がる店舗にしても、本部がノーといえば、店舗は本部に召し上げられてしまう。どこまでいっても自分の商売にはなりません。

出口戦略は必須

自由に辞めることもできなければ、続けることもできない。フランチャイズがそのようなものだとすれば、一体、コンビニ加盟店オーナーは、いつどうやってコンビニ経営を終了すればよいのでしょうか。いわゆる出口戦略の問題です。

諸外国であれば、利益を上げていわば付加価値を付けて店舗を第三者に売却するということが一般に認められています。しかし、わが国では第三者への売却を認める条項を有するフランチャイズ契約はまず存在しないでしょうし、それを保証する法律もありません。

出口戦略をコンビニ本部社員に聞いても、何の示唆も得られないでしょう。この問題に対する回答を持ち合わせてもいないでしょう。コンビニ本部からすれば、オーナーはどこまで行っても「将棋の駒」でしかありません。コンビニ経営を終了した以降はどうするのか、コンビニを辞めた後はどうやって生活するのか、これだけは自分で考えるしかありません。果たして、

10年あるいは15年後、あなたはご自身が置かれている状況を想定できているでしょうか？

この問題への対応として、著者が心底から感心したオーナーの例があります。当該オーナーは、本部から何度も表彰を受けるような優れた実績を上げていましたが、見切り販売等を巡って本部と対立状態が続き、ついに更新拒絶を通知されるという事態に至りました。オーナーは一歩も退かずに果敢に本部と闘いましたが、契約更新を勝ち取ることはできませんでした。

結果が出なかったものの、そのオーナーの顔は晴れ晴れとしているので、今後の生活の見通しについて聞いてみました。すると、コンビニ経営時代に銀行からローンを借りてアパートを数棟建てており、店が無くなっても生活には全く困らない、ということでした。アパート経営については以前から勉強しており、銀行はコンビニの売上高が高いことを信用して低利でお金を貸してくれるし、所有している物件は県内をあちこち回って見つけた土地で利回りが高く、生活には困らないだけの賃料収入が入るとのことでした。

「定年がない」という売り文句でコンビニオーナーを募集しているのはよく見かけますが、前述したように、好きなだけ働いて、好きな時に辞められるというものではありません。他方、一口にアパート経営といっても、サブリースを謳い文句とする不動産業者の勧誘を鵜呑みにして始めてひどいことになった事例もあり、簡単ではありません。しかし、コンビニ経営終了後の生き方を考える上で、一つのお手本となる事例だと思います。

コンビニを経営するのなら出口戦略は必須です。それなしに漫然とコンビニ経営をするのでは、「長年身を粉にして働いても、何も残らなかった」ということになりかねません。それと比較するなら、サラリーマンとして働いていた方が100倍ましという結果が待ち受けています。逆に言うと、いつでもコンビニを辞める覚悟や準備が出来ていないと、あたかも本部の奴隷のようにいつまでもシフト労働を続けるだけということになりかねません。

○結論○

コンビニ経営は経営不振になったらいつでも辞められる商売でもなければ、体力が続く限りいつまでも続けられる商売でもありません。コンビニ経営を開始して失敗せずに終了するためには、適切な出口戦略が必須です。

9　本部との闘い方

●相談●

コンビニ本部の言う通りに毎月多額の廃棄を出し、売上高がようやく上向いてきたと思ったら、今度は、近隣に新規出店をすると通告してきました。もう本部の言うことに、聞き分けよく従っていられません。本部に色々と改善要求を突きつけて闘いたいのですが、注意すべき点について教えて下さい。

○回答○

徒手空拳で闘ったら必ず負ける

自分の頭で考え、発言しようとするコンビニ加盟店オーナーに対しては、これまでコンビニ本部は強圧的にこれを押さえ込んできました。文句をいうオーナーを黙らせる手法は、本部側にはいくらでもありますし、経験も豊富です。徒手空拳で闘ったら必ず負けます。

まずはご自身で理論武装する必要があります。ＳＶ（スーパーバイザー）やＯＦＣ（オペレーション・フィールド・カウンセラー）との協議で言い負かされてしまうようでは、到底勝ち目がないでしょう。それでしたら闘わない方がましです。

まずは広く情報を収集し、闘っているオーナーに連絡を取って教えを請う。ＳＶやＯＦＣよりもコンビニ業界やその仕組みについて理解を深める。契約書を熟読してその内容を深く理解すべきです。

よく読んで頂ければ分かりますが、契約書ではあらゆる面で加盟店の権利が制約されています。本部による解除事由は広範に定められています。違約金規定もあります。何の準備もなく闘ったら、大切なお店や財産を無くすことになりかねません。

周到に準備する必要

本部と「対立状態」になると、ＳＶやＯＦＣはあなたの味方ではなくなります。店には頻繁に来るようになりますが、自店の経営指導のために来るのではありません。オーナーの品揃えが不十分であると主張するためにピークアウト時の商品が売れた後の棚を写真に撮ったり、販売期限切れの商品がないかとか、掃除が不十分ではないか等、店内の粗探しをするためです。ＳＶやＯＦＣも本心ではそんなことやりたくはないでしょうが、上司からの指示があります。「仕事なので仕方ない」と割り切ってやってきます。店の従業員が「挨拶をしない」といったレベルのこともチェックされます。

要は契約解除事由に該当するような事情があればどんなに形式的で些細なことであっても証拠化し、契約解除事由を積み上げ、いつでも裁判で証拠として提出できるように訴訟対策を進めてきます。

ですから、オーナーとしては、今まで以上に店内に注意を配り「防衛する」という心構えが必要です。「解除事由がない」ことを示す証拠を、オーナー側も準備しなければなりません。

SVやOFCとの交渉ややりとりは、全て記録に残す必要があります。録画・録音等をしていないと、本部側にのみ都合のよい事項だけが記載された業務日誌が証拠として提出されますし、録画・録音がなければ、本部に都合の悪い発言は「そのような発言はしていない」と否定してきます。こうした証拠を残すことはあなたの身を守ることに直結します。なお録画や録音はご自身で詳細なメモを取る代わりの手段です。特に録画・録音していると告げる必要もありません。後に裁判となった場合にも証拠能力が否定されることはありません。

先輩オーナーに本部との闘い方について教えを請うべきです。貴重な体験談も聞けるでしょう。周到な戦略・戦術なしに、本部と闘ってはなりません。

そして、早めに弁護士等の専門家に意見を聞くことも大切です。訴訟となった場合の専門家の見通しを踏まえて戦略や戦術を練るべきです。

○結論○

コンビニ本部と闘うためには周到な準備が必要です。十分な知識を得て、コンビニ本部の手口を知り、専門家にも早期に相談した上で、戦略や戦術を練る必要があります。何事も記録に残し、将来の証拠として準備すべきです。

10　コンビニ辞めて別のフランチャイズ加盟？

●オーナーの悩み●

コンビニを経営してまもなく15年になろうとしています。都市部では競合店の出店が酷く、コンビニの飽和状態を感じています。パート・アルバイトの時給も上昇の一途ですが、それでも人が集まりません。私自身も年齢や健康のことを考えると、夜間にワンオペでのシフト労働を続けるのが果たしてよいことなのかと思います。「出口戦略」というご指摘もありました。しかし私の年齢で再就職というのも難しそうです。

コンビニには問題が多いことを身に沁みて感じましたので、契約を更新せずに、コンビニではない何か別のフランチャイズに加盟することを考えているのですが、どんな分野が良いでしょうか。

○回答○

コンビニよりましなフランチャイズなんてない

コンビニを辞めて別のフランチャイズに加盟ですか。おそらく間違いなく失敗すると思います。そんな選択は止めましょう。

たしかに、コンビニ・フランチャイズに問題が山積していることは、これまで見てきた通りです。オーナー自身も感じておられる通りです。2019年7月に起きたセブン-イレブンのセブンペイの失態なども酷いものでした。あんなにセキリュティが甘い設計だったなんて、業界トップという驕りや慢心があったとしか思えません。

しかし、フランチャイズ業界を長く見てきた著者からすれば、フランチャイズの中ではコンビニは相当、いや突出してましなレベルにあります。一口にフランチャイズといっても、ノウハウが確立されてパッケージ化されていると評価できるチェーンは多いとは言えません。玉石混淆という表現では、フランチャイズ業界全体の実態よりも褒め過ぎている（実際には石ばかり）とさえ言えます。

一度、情報収集を兼ねてフランチャイズショーに行ってみたいですか。なるほど。しかし、事前に別の業界の勉強もせずに丸腰でフランチャイズショーに赴くのは、鴨がネギを背負って歩くようなものです。ショーに出店している本部のプレゼンはうまいですよ。思わず「これは良いのでは」と引き込まれること間違いなしです。けれども、プレゼンがうまいことは、当該本部に加盟店を繁盛させるノウハウがあることを意味しません。ショーでは決して語られない情報こそが大切です。

詐欺的本部が市場から退出しない

10人加盟させても、数年後にはそのうち5人は営業不振で撤退しているというフランチャイズ本部は結構あります。そもそもフランチャイズ本部を名乗って加盟者を募っていることが何かの間違いではないかと思われるところさえあります。著者が関与した案件からいくつか拾ってみると次のような例があります。

・チーズケーキのフランチャイズで商品の美味しさが決め手で加盟したのに、開業したら全く別のさほど美味しくない商品が供給された。本部に抗議すると、「味は主観的なものだから」という、食品を取り扱う本部とは思えない開き直り。実は美味しいチーズケーキを供給していた会社との契約が1年契約で更新してもらえなかった。

・有名なパン職人の冷蔵の生地が提供されるので、パン職人の技術が無くとも美味しい、作りたてパン屋が開けると勧誘された。研修に行ったが、フランチャイズ本部の社長がパン職人とケンカしてしまい、冷蔵生地が提供されるという話自体が飛んでしまった。

・放置自転車回収のフランチャイズで誰でも簡単に利益を上げていると勧誘された。しかし、既存加盟者にはほとんど売上がなく、およそ事業の体をなしていなかった。東京高等裁判所に「故意による詐欺」であると断罪された（後述）。

こういったひどい本部でも、わが国のフランチャイズ市場から退出を求められることはありません。放置自転車回収の事例ですら、未だに新たな加盟者を募っています。

ノウハウの程度の低い本部に限って、「お客さんがこないのはチラシの撒き方が足りないからだ。チラシをもっと撒いてください」と加盟店に責任を押し付ける傾向にあります。チラシの作成や配布だって費用がかかります。ひどい事例では、本部が指定するチラシ作成会社から、加盟店には知らせずに10％前後のリベートをもらっているということもあります。チラシを撒いて儲かるのは加盟店ではなく、本部なのです。

ノウハウとは何なのか

本来、フランチャイズ本部が提供する経営ノウハウとは、経験と検証を経て確立されたところのパッケージ化された事業を意味するはずです。そこに至るまでの試行錯誤は、フランチャイズ本部と名乗る以上、加盟店を募集する前に完了しておくべきです。加盟店に試行錯誤のリスクを負わせてはならないというのが、フランチャイズ事業の根本的な精神です。

残念ながら、わが国のフランチャイズ市場は、そのような志の高い本部ばかりではありません。思いつきのレベルのものを「ノウハウ」と称しています。飛行機だったら、何十万回もテストを繰り返して性能を実証し、1万回飛行して1万回とも安全に飛行できるものが商業機として売られるはずです。ただ一度や二度飛行しただけの試験機に、お金を出して買う人はいないはずです。しかし、フランチャイズ業界では、飛行機でいえば試験機のレベルのものがノウハウと称して販売されているのです。恐ろしいことですが、フランチャイズ業界を健全化させる実効的な法律がないわが国では、そうしたことがまかり通っています。

そうしたものと比べると、コンビニ、とりわけ大手チェーンであれば、ブランド力もあれば、商品開発力もあります。テレビコマーシャルなど広告・宣伝にも力を入れており、1万数千店とか2万店を抱え、それを維持していくだけの人材も組織力もあります。詐欺的なチェーンと同じフランチャイズという括りで語ってよいのか疑問に思うほど、ノウハウは確立されていると言ってよいでしょう。そのコンビニですら、加盟店は苦しんでいるのです。

別のフランチャイズの方が良さそうに見えるのは「隣の芝は青い」だけで、何の根拠も無いことかもしれません。地獄を抜け出したと思ったら、一層過酷な地獄が待っているかもしれません。「一家食えているだけ、まだコンビニ地獄の方がましだった」なんて結果にならないよう、慎重な判断が必要です。

○結論○

コンビニを辞めて別のフランチャイズに加盟しても、何の解決にもならない可能性が高いです。適切な「出口戦略」を見つけるには、時間を掛けて研究する以外にはありません。

○関連事件○

東京高等裁判所平成30年5月23日判決（『判例時報』2384号51頁）

放置自転車回収業のフランチャイズ本部が、加盟説明会を開いて「ライバル業者がいないブルーオーシャン」「放置自転車はいくらでもある」「輸出業者を紹介するのですぐに換金できる」「月70万円から100万円は稼げる」などと勧誘し、加盟金300万円、システム利用料月3万円を支払わせた。しかし、既存加盟者の大半は月数万円程度の売上高しかなく、事業の体をなしていなかった。判決は、フランチャイズ本部の勧誘が「故意による詐欺」で不法行為に該当するとして、損害全額の賠償を命じた。

第3章

コンビニ・フランチャイズ問題
のこれまでとこれから

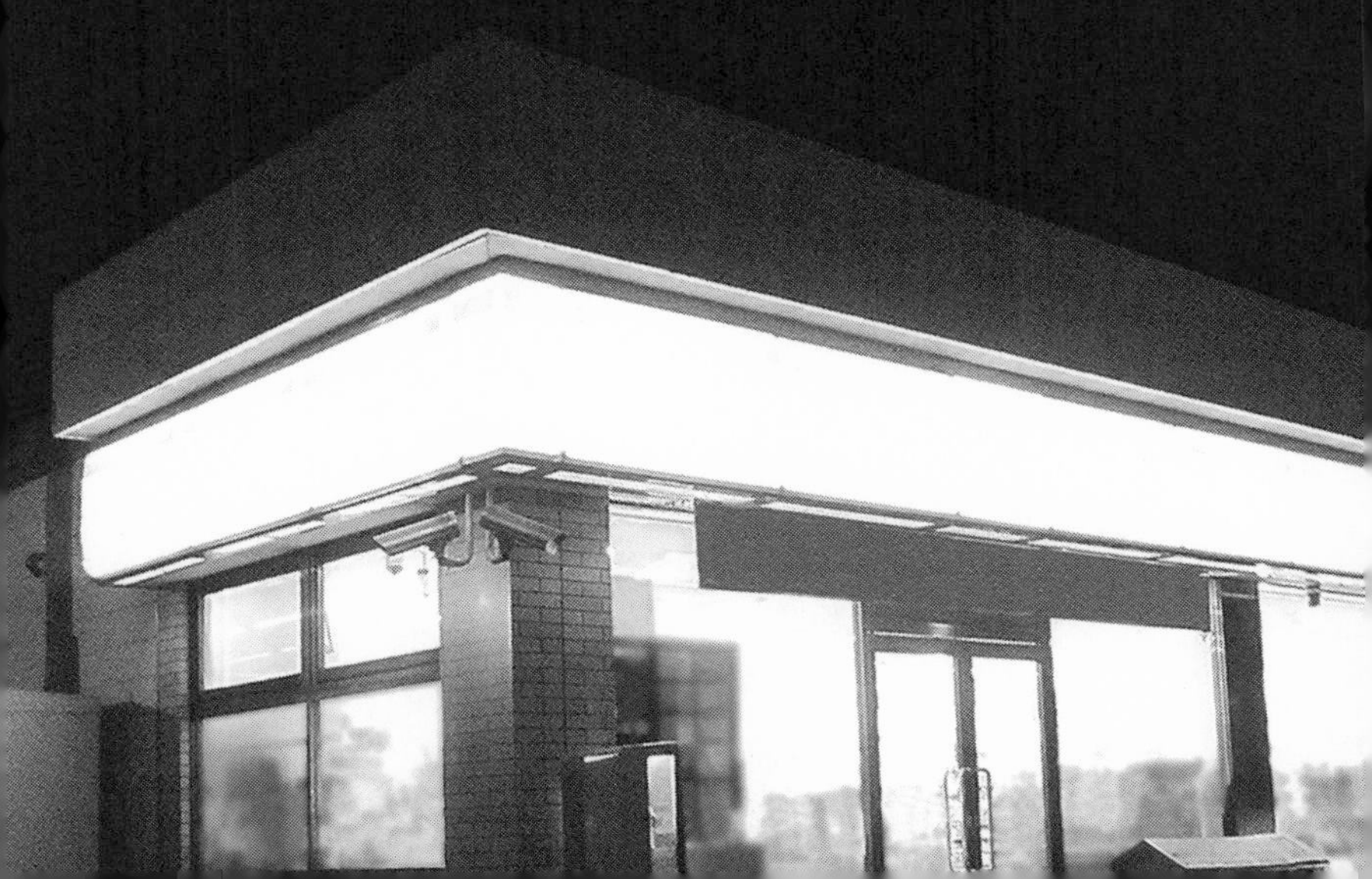

1　この20年間のコンビニ・フランチャイズ問題

(1) コンビニ・フランチャイズ問題との直面

著者がコンビニ・フランチャイズ問題と出会ったのは、今から約20年前の２０００年のことです。当時、勤務弁護士であった著者が、ボスが受任したあるローソンのオーナーの事件を担当させられたのがきっかけでした。

はじめてコンビニのフランチャイズ契約書を目にしたときの衝撃は忘れられません。消費者問題を手がけた経験から、消費者に不利な条項の記載がある約款は少なからず見た経験がありましたが、これほど一方（フランチャイズ本部）に有利で、他方（フランチャイズ加盟者）に不利な契約書がこの世の中にあったのかと心底驚きました。コンビニ加盟店オーナーのあらゆる権利は周到に制限されており、何一つ自由がないものでした。このような「完璧」な契約書を相手に、一体どうやって争ったらよいのか皆目見当もつきませんでしたが、消費者弁護士を目指す者として、これは決して「逃げてはいけない」問題領域であるとも直感しました。

１９９９年に出版されていた、本間重紀編『コンビニの光と影』（花伝社）を熟読し、また既にフランチャイズ問題を「労働問題の延長」として先駆的に取り組んでいた先達である近藤忠孝弁護士や神田高弁護士に教えを請い、フランチャイズ本部の情報提供義務違反を問題とする等の争い方やその手法を学びました。

２０００年秋に情報提供義務違反を根拠に損害賠償請求事件を提訴したのですが、その係争中に、コンビニ本部は、「棚卸ができなかった」ことを理由に契約の解除の通知を行い、動産処分禁止仮処分（執行官保管）を掛けてきました。これはどういうことかというと、店内にある商品はコンビニ加盟店オーナーの所有物ですが、店内の什器やレジ等の備品はコンビニ本部からの貸与物件であるので、契約解除によるその引渡請求権を保全すると称して、店舗からこれらを全て引き上げたのです。直前まで通常通り営業していた店舗でしたが、執行官と共にやってきた本部社員数十名が什器やレジを引き上げて行きました。お店は当然ながら通常営業できるはずもなく、いわば「突然死」させられました。

コンビニ本部はビジネスパートナーであるはずのコンビニ加盟店にここまでするのかと大変驚き、大切な顧客である周辺住民に迷惑を掛けることも顧みずに、加盟店オーナーを簡単に切り捨てるやり口には、コンビニ本部の正体を見る思いがしました。この事件を契機として、著者もコンビニ本部の冷酷な体質に気づき、これは決して看過できない問題であると、一層その認識を深めました。

約20年前に抱いた著者のコンビニ本部に対する印象は、その後も様々な事件を通じて対応してきましたが、何ら変わることはありませんでした。コンビニの24時間営業問題を世の中に広く提起したと言える東大阪市内のセブン-イレブンオーナーが、最終的には2019年12月末日で契約解除に追い込まれたのを見ると、一層その思いを強くします。根本的な問題は当時から未だ何一つ改善されていないと感じます。

(2) フランチャイズ加盟者らの運動

もちろん、こうしたコンビニを取り巻く厳しい環境の中、黙っているオーナーだけではありません。1998年4月、全国FC加盟店協会が結成されました。①FC(フランチャイズ)加盟店の経営と生活の向上をはかる、②FC本部との公正な取引契約をめざす、③中小業者や住民と協力して、地域経済に貢献することを目的としており、FC事業法の制定に向けた活動等を長年にわたり行っています。

2009年8月にはコンビニ加盟店ユニオンが結成されました。コンビニ加盟店オーナーが労働組合法上の労働者に該当するとして、コンビニ本部に対して団体交渉を求め、地方労働委員会、中央労働委員会への申立てやフランチャイズ法制定に向けた運動を行うなどしています。

両団体とも、行っている運動には正当性があり、また、フランチャイズ加盟者らが望むことを実現しようと奮闘しています。

しかし残念ながら、組織の拡大という面では苦労が続いているようです。その原因としていくつか考えられることとしては次のようなものがあります。①コンビニ加盟店オーナーが日常の業務に忙殺されており、そのような活動に目を向ける余裕がなく物理的にも時間がない。②フランチャイズ本部がそうした組織への加入を喜ばない。将来の契約更新を考えると、フランチャイズ本部に目をつけられたくない。③フランチャイズ本部と紛争を抱えるといずれ中途解約あるいは更新拒絶となってしまいフランチャイジーとしての地位が無くなってしまう等がそれです。

(3) 一般社団法人日本フランチャイズチェーン協会

一般社団法人日本フランチャイズチェーン協会は、フランチャイズ本部の任意団体です。加盟店の入会は認めていません。「JFA倫理綱領」や「JFA開示自主基準」を定めており、会員にこれを遵守することを求めてはいます。しかし、フランチャイズ業界の健全化に積極的に取り組むという姿勢は見られません。

2019年は、コンビニの24時間営業問題を始めとして、コンビニを巡る様々な問題がマスコミ等によって報道され、世間もフランチャイズには様々な問題があると関心をもった年でした。業界全体の改善に向けて意見や指針を公表するなどして、その存在意義を社会的にアピールしようと思えばできたはずですが、何の行動もありませんでした。

（4）コンビニ問題とはフランチャイズ問題であること

第2章で、コンビニ加盟店オーナーが直面している課題を通じてコンビニ問題を見てきましたが、実はこうした問題は、コンビニがフランチャイズではなく直営で行われていたらほぼ発生しないものばかりなのです。

まず、直営であれば、チャージに関する問題も会計処理に関する問題も無くなります。雇用されているのは本部の従業員ということになり、全員が労働基準法等の労働法による保護の対象になります。労基法が許容する労働時間を超えて勤務させることは違法です。恵方巻き等の季節商品も過剰発注して売れ残れば全て本部の利益減少につながりますので、さすがに馬鹿げた発注競争は止めるでしょう。人材確保に苦労するのは直営店を経営する本部ですから、自ずと、人材不足の店舗は24時間営業を止めて時短営業にするでしょうし、過剰なドミナント出店も避けるでしょう。

フランチャイズであるからこうした問題が発生するというのは、本部が加盟店オーナーに一方的に無理やリスクを押しつけることから発生しているものです。コンビニ加盟店オーナーが直面している問題を解決するためには、フランチャイズ自体を規制する必要があります。

(5) 法規制の必要性

24時間営業問題がマスコミで報道され、社会的にも問題が認識されるようになった2019年でしたが、その後、コンビニ本部側でもその改善に向けて一定の動きがありました。

もっとも、本部が認めた店舗にだけ時短営業を認め、そうでない店舗が独自に時短営業をしようとすると契約解除するとの恫喝をもってこれを阻止しようとするなど、コンビニ本部の体質が全く変わっていないことが分かります。性善説にしたがって、コンビニ本部の「自主的な」改善に期待しても、根本的にオーナーの窮状を改善することにはならないでしょう。

とはいえ、第2章で述べたように、わが国のフランチャイズ業界においてコンビニは「まだまし」であり、他の業態は、詐欺まがいがはびこる無法地帯ともいうべき惨状にあります。少なくとも、起業を目指す人がフランチャイズに安心して加盟できる条件は整っていません。フランチャイズ加盟者や加盟希望者の保護が急務といえます。

フランチャイズ加盟者の権利保護なくして、フランチャイズ業界の健全化はありえません。

2　他国のフランチャイズに対する法規制の概要

(1) アメリカのフランチャイズ規制

アメリカでは国（連邦）としては、個別の業種についてフランチャイズ規制はありますが、フランチャイズ全般を規制する法律はありません。もっとも連邦取引委員会（ＦＴＣ）が、連邦取引委員会法第5条「不公正又は欺瞞的な行為又は慣行の禁止」に基づき、フランチャイズ契約に関するＦＴＣ規則を定めています。同規則が定める開示情報が記載された開示書面を、契約の締結または対価の支払の14日前までに加盟希望者に交付しなければならないとされています。規則違反の行為は「不公正又は欺瞞的な行為又は慣行」にあたり、連邦取引委員会による排除命令、違法行為の差止め、民事罰が用意されています。

州レベルでは州ごとにフランチャイズ規制法が定められています。ＦＴＣ規則に上乗せ規制する形での事前開示規制が定められている（15州）ほか、本部と加盟者との関係を規制する法律が定められています（17州）。具体的には、不当な契約の是正、優越的濫用是正、解約や更新拒絶には正当事由を必要とし、加盟者の営業に対しての補償義務が定められています。

アメリカのフランチャイズ法規制について簡潔に概要を解説する論文として、長谷河亜希子弘前大学准教授「米国のフランチャイズ規制とその課題」（『自由と正義』２０１４年３月号54頁）があり、参考になります。

（２）韓国のフランチャイズ規制

韓国は２００２年に加盟事業取引公正化法を制定し、フランチャイズ事業の法規制をしています。情報開示書登録制度、加盟金預託制度、不公正取引行為の禁止、過重な違約金の禁止、不当な営業時間拘束の禁止、不当な販売地域の侵害の禁止、最長10年までの本部の契約更新拒絶の禁止、債務不履行解除の制限、加盟者団体と団体の交渉応諾義務等を定めています。頻繁に改正をしており、直近では２０１８年12月31日に改正があったようです。

また公正取引委員会の下に公正取引調停院を置き、フランチャイズ本部と加盟者との紛争の解決に当たっています。

経済法研究者の松尾和彦氏の論文（『名古屋大学法政論集』２５１号「韓国『加盟本部と加盟事業者間の取引適正化に関する法律』について」）に韓国の同法に関する解説がなされており参考になります。また松尾氏は自身のホームページで最新の韓国経済法の邦訳を掲載されています（https://koreanlaw.wixsite.com/matsuo）。

２０１７年10月には韓国のフランチャイズ本部団体は、概要、下記のような自主規制を策定しています（MK NEWS 2017/10/27、http://japan.mk.co.kr/view.php?category=30600004&year=2017&idx=7042）。

・加盟店事業者とのコミュニケーション強化

加盟店主の交渉力を高めるために加盟店１００店舗以上の加盟本部は、１年以内に店主と協議を経て代表性のある加盟店事業者団体を構成し、共存協約を締結しなければならない。

・流通暴利の根絶

必須購入物品の押し売り自制。必須アイテムの範囲をブランドの品質と、サービスの同一性維持のために必要な物品に最小化。必須物品の原産地、メーカー、加盟本部の特殊関係人の関与の有無、リベートの受け取りの履歴などの関連情報を情報公開書に記載する。

・加盟店事業者の権益保障

契約更新要求権を行使できる期間の制限（法律上10年）を撤廃し、無制限とする。加盟本部が一方的に加盟契約を解約したり、不公正な更新条件を提示したりすることの防止。

・健全な産業の発展

韓国は人口あたりのコンビニ店舗数が日本の1・7倍という過密出店が問題となっていますが、近時、時短営業店が増えており、大手三社では、時短店舗の割合が業界最大手のGS25が14%、2位のCUが20%、3位のセブン-イレブンが18%となっており、また業界4位のイーマートは時短営業店舗の割合が80%と相当程度、時短営業が進んでいるとのことです（2020年1月11日付日本経済新聞）。

(3) オーストラリアのフランチャイズ規制

オーストラリアではACCC（エイトリプルシー、オーストラリア競争・消費者委員会）がフランチャイズ規制の担当当局となっています。オーストラリアでは、スモール・ビジネスと呼ばれる小規模事業の保護を重視する政策をとっており、フランチャイズ規制もその一環といえます。

2010年制定の競争・消費者法において、誤解を与える又は欺瞞的な行為の規制、非良心的行為の規制、不公正な契約条項の規制が定められています。フランチャイズで不公正な契約として問題とされる条項としては、本部による一方的なマニュアルなどの改訂、実損害を超える違約金規定、契約終了後の競業避止義務、不合理な解約・契約終了条項などがあります。

また、上記競争・消費者法に基づいて、2014年にフランチャイズ行動規約が制定されています。情報開示書面による情報開示義務、契約後7日以内のクーリング・オフ、契約終了にかかる事前告知義務、契約終了後の競業避止義務に関する制約、解約に際しての書面での催告義務、加盟者に対する追加投資の要求に関する規制、広告費用の適切・公平な管理、紛争解決手段としての調停手続などが定められています。

法律違反があった場合、ＡＣＣＣは、制裁金、違反行為の差止、被害者への補償命令などを求めて裁判所に提訴できるとされています。

3　わが国におけるあるべき法規制について

(1) 情報開示規制の強化の必要性

情報開示の重要性

加盟希望者が、あるフランチャイズに加盟するかどうかを決める上で基本となるのは、フランチャイズ本部から提供される、当該フランチャイズに関する情報です。フランチャイズ本部はその業態において豊富なノウハウやそれに伴う情報を有していますが、加盟希望者には当該業界や業態に関する情報はほとんどありません。むしろ、その業界や業態では素人だからこそ、専門家であるフランチャイズ本部に頼って起業する訳です。

　フランチャイズ加盟による起業は、加盟金やロイヤルティの支払いという負担があるため、フランチャイズ加盟しない起業と比較すると、経費負担の増加というデメリットがあります。しかしながら、そうした経費負担をしてでも、フランチャイズ本部のノウハウを利用して起業することで失敗するリスクを減らすことを主眼としています。フランチャイズが「ローリスク、ミドルリターン」と言われるのはそうした事情によります。

　しかし、フランチャイズ本部が加盟希望者に提供する情報が不正確であったり、不適切であったりする場合はどうでしょうか。不適切な情報を基礎として加盟希望者は加盟するかどうかを決定してしまう訳ですから、加盟に際しての適切な判断機会を奪われているといえます。

　情報提供義務違反をめぐる問題は、詐欺と構造が類似しています。詐欺は「欺罔《ぎもう》されてなければお金を支払うことはなかった」ので意思表示の瑕疵があるとされ、取消という民事効が民法上予定されています。フランチャイズにおける情報提供義務違反は、「実情を知っていれば加盟することもないし、加盟金等を支払うこともなかった」という類型です。フランチャイズ本部が的確で適切な情報を加盟希望者に提供しないのであれば、フランチャイズ加盟による起業は「ハイリスク、ローリターン」になってしまいます。

　現在のわが国では、そうした「ハイリスク、ローリターン」の状況が、改善されることもなく放置されており、詐欺的なあるいは怠慢なフランチャイズ本部も市場から退出を命じられることはありません。この無法状態の是正のため、速やかな法規制が必要です。

フランチャイズ本部の情報開示義務の明文化を

フランチャイズ本部が加盟希望者に対して、契約を締結するか否かの判断に必要な情報を提供すべき義務があることは、裁判例において繰り返し認められており、判例法理となっていると評価できます。

一例として横浜地裁平成27年1月13日判決（『判例時報』２２６７号71頁）を挙げると「フランチャイズ事業においては、一般的にフランチャイザーは、当該事業に関し十分な知識と経験を有し、当該事業の現状や今後の見通しについて、豊富な情報を有しているのに対し、フランチャイジーになろうとする者は、当該事業に対する知識も経験もなく、情報も有していないことが通常であり、フランチャイジーになろうとする者が、フランチャイズ契約を締結するか否かを判断するに当たっては、フランチャイザーから提供される情報に頼らざるを得ないのが実情である。したがって、フランチャイザーは、フランチャイジーになろうとする者に対し、契約を締結するか否かについて的確な判断ができるよう客観的かつ正確な情報を提供する信義則上の義務を負うべきものと解すべきである。そして、フランチャイザーがこのような義務に違反した結果、フランチャイジーになろうとする者が的確な判断ができないまま、フランチャイズ契約を締結してフランチャイジーとなり、それによって損害を被った場合には、フランチャイザーは、上記義務違反に基づき、フランチャイジーに対して、損害を賠償する義務を負う」としています。

この「契約を締結するか否かについて的確な判断ができるよう客観的かつ正確な情報を提供す」べき義務を法律によって明文化し、フランチャイズ本部が加盟希望者に最低限開示すべき義務の範囲を定めるべきと考えます。判例法理を法律に取り込む訳ですから、過度な規制にはあたりません。また、法律によって情報開示の範囲・内容を明確に定めることによって、フランチャイズ本部と加盟者との間の情報提供義務違反に関する紛争の未然防止にもつながります。

こうした義務を本部に課すことによって詐欺的な本部は加盟者を募集できなくなり、フランチャイズ市場の健全化に資するものといえます。

情報提供義務違反に制裁（中途解約を認める民事効）を

情報提供義務違反がフランチャイズ本部による不法行為に該当し、それによって損害を被った加盟者がフランチャイズ本部に対し損害賠償請求をなし得ることは、判例法理となっているといえます。もっとも、「騙された」と気づいた加盟者も、契約書にある中途解約時の高額な違約金規定のため契約の中途解約を躊躇したり、裁判となっても必ず勝てるという保証もないため提訴に踏み切れないということがまま見られます。

そこで、重要な事項について、適切でないあるいは不十分な情報しか提供されない等のフランチャイズ本部による情報提供義務違反があった場合には、加盟者が無条件で契約を解約できるものとし、加盟者がフランチャイズ本部に支払った加盟金その他一切の金員の返還を受けることが出来るものとすべきです。「無条件」とは、この場合の加盟者の解約に際しては、フランチャイズ本部は違約金やその他の名目で金銭を請求できないことを意味します。こうした規定を設けることによって、必要で正確な情報を提供されないため、契約を締結するか否かについて適切な判断の機会を与えられなかった加盟者を迅速に救済することができます。

また、不誠実であることによって、フランチャイズ本部が利益を確保し得るというのは適切ではありません。こうした法規制を設けることで、詐欺的な本部や悪質な勧誘を行う本部を市場から退出させることが期待できます。

収益情報提供の規制を

フランチャイズ本部と加盟者との情報提供義務違反を巡る紛争で一番多いのは、収益情報に関するものです。紛争の未然防止のためにも、収益情報の開示に関する法規制が必要です。

①モデル収益という欺瞞の未然防止を

フランチャイズ本部が加盟者を募る際に、「モデル収益」と称する数値や加盟店のごく一部しか達成していない数値を「実績値」と称して勧誘することがよくあります。そうした数値は、既存加盟店の平均的実情とはかけ離れており、ごくわずかな数の店舗しか達成し得ないような売上高や利益に基づく数値であることもよくあります。「この数値は将来の売上や利益を保証するものではありません」という一文を入れておけば、どんな高い数値を示しても免責され、問題ないと考えているのだと解されるフランチャイズ本部は決して少なくありません。

他方、加盟希望者からすれば、フランチャイズ本部から「モデル収益」として示されるのですから、平均的な加盟店が達成している数値だろうと理解します。ごく一部の加盟店のみしか達成し得ていない数値とはまず考えません。

フランチャイズ本部が加盟希望者に「モデル収益」や一部の加盟店の実績値等を示して勧誘する場合には、その算出根拠を明らかにさせることに加え、当該売上高や利益について、年間を通して平均的に達成している既存加盟店の割合を同時に提供しなければならないとすべきです。また、既存加盟店の売上高や利益について、一定の金額区分ごとの分布割合を提示させるべきです。既存店の平均や分布と併せて検討することによって、加盟希望者が当該事業を実情よりも優良なものと誤認して契約を締結してしまうことが避けられます。

「モデル収益」には、現実には必ず支出が想定されるはずの経費科目の一部が省略され、全てが記載されていないこともあります。また、「モデル収益」やそれに類する資料を作成して勧誘する場合には、企業会計原則に則った正式な損益計算書及び貸借対照表の形式によることを義務化すべきであり、現実に必ず支出が想定されるはずの経費科目の省略が許されないものとすべきです。

②既存店の場合の実績値の開示

直営であった、あるいは他の加盟者が経営していた店舗について、フランチャイズ契約が締結されることがあります。この場合、加盟希望者としては、当該店舗の実績値を知りたいと考えるのは当然です。こうした場面において、売上高を実際よりも高く加工したり、経費を実際よりも低く加工したりして、店舗を実際よりも優良に見せかけるという事例もあります。加盟者としては、当該数値を信用して加盟を決断したのに、その数値が事実ではないとしたら納得いくはずはありません。

既存店についてフランチャイズ契約を締結する場合には、企業会計原則に則った正式な損益計算書及び貸借対照表による開示を義務づけるものとし、必ず支出が想定される経費項目について除外してはならないものとすべきです。コンビニ本部が作成し、加盟店に交付されている会計資料の一つに「損益計算書」がありますが、加盟店オーナーが負担する経費の全てが計上されているものではありません。一例を挙げると、従業員の社会保険料が計上されていません。また、コンビニの場合にはシフト労働をオーナーと家族等の専従者自身も担うことを想定しています。したがってシフト表も併せて開示させる必要があります。

③新規店舗の予測収益について

フランチャイズ契約の対象となる店舗が新規店舗の場合に、当該店舗の予測収益を示して勧誘することはよくあります。この場合、フランチャイズ本部の立地予測システムの精度が高く、運用にも問題がなければ、実際開店しても、それほどの問題が発生するとは考えにくいところです。

しかし実際には、提示された予測収益と現実の売上高や利益とに大幅な乖離が発生し、大きなトラブルになることがあります。こうしたトラブルを未然に防止するには、フランチャイズ本部が加盟希望者に対して、予測の根拠や算出根拠を具体的に提示するとともに、これと比較検証するための一定範囲の既存店、例えば同一都道府県内の全ての既存加盟店の現実の売上高や利益を提示させる必要があると思われます。

④収益情報について適切でない開示がなされた場合の処理

店舗の収益にかかる情報は、加盟希望者が加盟するかどうかを決断する上で最重要の情報であるといえます。これに関する情報が不正確であったり、不適切であったりすれば、加盟希望者は加盟するかどうかという決断を適切に行う機会を奪われたといえます。したがって、収益情報に関する不適切な開示（重要情報の不開示を含みます）があった場合には、フランチャイズ本部による重要な事項に関する情報提供義務違反に該当するものとして、加盟者に無条件でその中途解約及びフランチャイズ本部に対する加盟金等の返還請求権を認めるべきです。

開示に関するその他の必要な規制

①説明資料には具体的根拠を記載し、検証し得るものとすること

フランチャイズ本部が加盟希望者に対して説明や勧誘をする際には、勧誘資料が用意され、それに基づいてなされることが多いといえます。ここには前述した「モデル収益」や「一部の加盟店の実績」等が記載されているほか、他の業態や他のチェーンと比較しての優位性や優良性を強調する記載がなされています。

かかる情報も加盟希望者にとっては、加盟するかどうかを決める上で極めて重要な情報といえます。例えば「集客力業界№1」、「全店初月から黒字」といった訴求力の強い文言で勧誘し

たりしていますが、根拠が薄弱であったり、事実に反したりする例が見受けられ、これも深刻なトラブルの原因となっています。

こうした優位性や優良性の強調につながる情報については、その根拠や引用先を必ず明示し、加盟希望者がその内容を自身で検証し得るようにしなければならないとすべきです。「集客力業界No.1」、「全店初月から黒字」といった内容を信用して加盟者が契約を締結したものの、フランチャイズ本部がその根拠を具体的に示せない時には情報提供義務違反として、やはり無条件での中途解約及び加盟金等の返還請求権を加盟者に認めるべきです。

②取引業者を指定する場合にフランチャイズ本部が取得する利益についての開示

フランチャイズ本部が内装工事や仕入先業者、チラシの印刷業者などを指定し、加盟者は原則として指定された業者としか取引できないとされている場合があります。こうした場合、フランチャイズ本部は仕入先業者から取引額の5～10％程度のリベートを取っていることがよく見られます。加盟者は同等品を別の業者から安く購入することができないばかりでなく、フランチャイズ本部がリベートを取るため、その分高く購入させられているとも言えます。

これはフランチャイズ本部と加盟者との利益相反事項にあたる上に「隠れたロイヤルティ」というべきものと言えますので、そのようなリベートを取得している場合には、事前にその詳細を開示させるべきです。

③開示資料の登録及び公開

フランチャイズ本部が加盟希望者に開示する資料については、登録を義務づけ、一般に公開し、加盟を検討する者がいつでも簡単にアクセスできるようにすべきです。情報の公開により、記載されている内容の正確性や適切性が、様々な形で検証される可能性が出てくるといえます。

これについては、現在でも、日本フランチャイズチェーン協会が会員の事前開示書面をネット上で公開しており、これをフランチャイズ本部全体へと拡充すれば済むものといえます。

4　不平等・不公正な関係の是正

フランチャイズは本部と加盟者が対等な関係で共存共栄を目指すのが理想であると考えられていますが、現実は異なります。フランチャイズ本部が周到に準備する定型契約書は、フランチャイズ本部が一方的に有利で、加盟者が圧倒的に不利な条項が多数用意されています（契約条項の不平等・不公正）。また、フランチャイズ本部はその優越的地位を濫用して加盟者に対して不平等・不公正な行為を行うことも見られます（本部の行為の不公正）。

不平等・不公正な契約条項を規制し、また本部の不公正な行為を未然に防止するために、思い切った法規制を行う必要があります。

(1) 不平等・不公正条項についての法規制

①違約金規定の抜本的禁止・無効

フランチャイズ契約において、加盟者に契約違反行為があり、それに伴う本部からの契約解除に際しての、あるいは加盟者が中途解約をする場合の加盟者の違約金条項が定められていることが極めて多いです。しかも大半の違約金条項は加盟者側にのみ課されている片面的な規定であり、加盟者が支払うことは困難なほど高額に設定されています。

大企業間で違約金条項を入れた契約書を作成することは、そうしたリスクを織り込み済みの上で合意するのですから特段の問題はありません。しかし、フランチャイズ加盟者は個人または小資本の法人であり、高額な違約金の支払負担に耐えることは困難であり、契約内容もフランチャイズ本部が作成したものを承諾するだけで、内容について交渉することは想定されていません。加盟者に違背行為があった場合にはフランチャイズ本部が債務不履行を理由として損害賠償を請求すれば済むのであり、本部側には様々な資料やデータがあるのですから損害の立証にも特段困ることはありません。

加盟者に対する違約金条項を定めることは禁止し、これに反したものは無効とすべきです。オーストラリアの約款規制で、違約金規定があっても実損害を超える部分は無効としていることを参考に、同様の法制度とすることも一案です。

②正当事由がある場合の加盟者の中途解約権の確保

①で述べたこととも関係しますが、営業不振や家庭の事情等で加盟者が中途解約をしようと思っても、契約上、高額な違約金が課されることになっているため、中途解約を断念する、あるいは、中途解約金が掛からない（または支払える程度にまで少なくなる）とされる期間までの営業継続を余儀なくされる事例があります。加盟者としては事前の予想に反して営業がうまくいかなかった場合には、「損切り」して赤字が増大することを防止したいと考えるのは経営者として当然のことです。したがって、加盟者に、営業不振等の正当な事由がある場合の中途解約権を法で認めるべきであり、これを制約する条項、例えば中途解約の場合には本部が加盟者に対して違約金を請求する条項があっても無効とすべきです。

③契約終了後競業禁止規定の無効

フランチャイズ契約においては、加盟者が契約期間中だけでなく契約期間終了後も、同業又は類似の事業の営業や従事を禁止する条項が置かれており、これもまた①で述べたところと関係しますが、これに反した場合の高額な違約金が定められていることが多いです。契約期間中の競業禁止義務は契約の目的の実現を担保・補完するものであることが合理的だからであり、契約終了後の元加盟者に競業禁止義務を課すことの合理性がなく有効性を見いだせないとする指摘もあるところです（永野周志外『営業秘密と競業避止義務の法務』ぎょうせい、２００８年、２４７頁以下）。

実際のフランチャイズ契約の競業禁止条項を見ると、加盟者が身につけた技術の使用も禁じるような、全く合理性を見いだせないものも現存します。例えば、飲食店のフランチャイズで料理人に料理に関する業務に就くことを禁じたり、英語教室のフランチャイズで英語教師に英語に関する業務に就くことを禁じたりするケースです。料理に関する技術・ノウハウや英語教育に関する技術・ノウハウは、加盟者が個人として積み上げてきた経験に基づくものです。その使用を禁止することは、職業選択の自由や営業の自由といった憲法上の権利を制限するものであり、到底肯定できるものではありません。

もし、当該フランチャイズ本部に由来する技術やノウハウだとしても、一身に帰属することになるものは、技術やノウハウの移転が当然予定されており、そのために研修費用等の名目で加盟者から金員を徴収しているのですから、技術移転の対価は既に受け取っており、契約終了後の競業禁止を合理化する理由は何一つ見いだせません。

また、経営に関するノウハウも短期間で陳腐化するものであり、数年間もの長期にわたり元加盟者の職業選択の自由や営業の自由を制約することを正当化し得ないものです。フランチャイズ加盟者に独占的な商圏を設定しないのに、契約終了後に広範な範囲での競業禁止を要求するのも、不合理そのものです。

こうした不平等・不公正な実務慣行を変えるためには、法によって、契約終了後に元加盟者が同業又は同種事業を営業したり、従事したりすることの禁止はできないものと明確に定め、これに反する条項は全て無効とすべきです。

④本部による更新拒絶の制限

フランチャイズの勧誘に際しては、「定年のない仕事」などと、いつまでも当該事業を継続できるかのような説明が多用されています。しかし、フランチャイズ契約は3年間とか5年間（コンビニの場合にはより長期間である10年間または15年間）という期間の定めがあり、しかも加盟者に更新する権利を与える内容にはなっておらず、特段の理由がなくとも、フランチャイズ本部は更新を拒絶することができるかのような書きぶりとなっています。これを文字通りに読めば、加盟者の店舗を本部が賃借して加盟者に転貸する形式のフランチャイズ契約の場合、加盟者の営業努力によって売上高が上がり、ようやく繁盛店となった段階で、本部が加盟者の店舗を取り上げることすら可能ということになります。

加盟者がフランチャイズに加盟するのは、単に、投下資本を回収するだけでなく、当該事業を長く継続することによって、多くの利益を上げようとするためです。せっかく軌道に乗ってきた事業が、特段の理由もなく3年間で終了してしまうのでは、何のために加盟したのか分からない、ということになります。加盟者の更新への期待は法的に保護されるべきであり、フランチャイズ本部は、正当な事由がない限り、契約の更新を拒絶できないこととすべきであり、これに反する条項は無効とすべきです。

⑤会計の透明化

コンビニではコンビニ本部が加盟者から売上金を預り（売上金送金義務）、本部と加盟者との会計処理がオープン・アカウントという勘定科目で一括処理されていること、本部が仕入代金の決済を代行していることについては既に言及しました。このコンビニ特有というべき会計には、支払代行の詳細を本部は報告しない、請求書や領収書といった一般の商慣習上当然に発行される書類が交付されない、オープン・アカウントにおける加盟者の貸越しには利息が付されないが、加盟者の借越しには利息が付される、実際の決済日は翌月なのに当月に仕入先に全て支払ったかのように一括処理される等の数々の不平等・不公正が内包されています。支払代行に関しては、セブン-イレブン本部が、加盟店の従業員への残業代の支払の一部を長年にわたり行っていなかったという失態も報じられました。

フランチャイズ本部と加盟者との間の会計の透明化は不可欠であり、法による規制が必要です。売上金送金義務条項を全面的に禁止することが一案といえます。通常の小売店の会計となるだけですので、特段の問題はありません。

コンビニ会計システムが加盟者にも利益があるとしてこれを全面的に禁止しないとしても、不平等な利息制度の禁止、売上金を加盟者からの預かり金として処理する義務、仕入先への支払日とオープン・アカウント上の決済日を同時とする義務、決済代行について詳細に報告する義務、仕入先からの請求書及び領収書の原本を加盟者に交付する義務、加盟者が自店の支払代行に問題がないか無償で検査し、又は監査を求める権利を付与する、といった様々な規制が必要といえます。

(2) 不平等・不公正な行為の禁止

加盟店への同意なき追加経費負担の禁止

フランチャイズ本部は加盟者に対し、契約後に、内装の変更や新規機材の導入を求めることがあります。金額が少額であればともかく、数百万円、場合によっては数千万円の負担となることもありえます。

こうした追加負担は、加盟者の資本回収や利益確保の計画を大きく変更させてしまう可能性があります。加盟者が負担すべき経費は契約締結前に全て明らかにしておくべきであり、加盟者にとって不意打ちとなるような追加の経費負担は可能な限り避けるべきといえます。

したがって、フランチャイズ本部が契約後に加盟者に経費の追加負担を求める場合には、加盟者の個別の同意を必要とすることとし、負担の強制やこれに従わない場合の不利益な取扱いを禁止すべきです。

(3) 加盟者の権利確保

①営業時間や価格決定の自由

フランチャイズ加盟者は、フランチャイズ本部とは独立した事業者です。経営責任は加盟者自身にあるのですから、営業時間や販売価格といった営業に関する事項も本来は加盟者の自由であるはずです。少なくとも、チェーンの統一性といった目的に照らして、不当に営業時間を拘束し、あるいは販売価格を拘束することは禁止すべきです。

コンビニにおいても、全ての店舗において年中無休の24時間営業を強制するのは無理があります。法において加盟者の選択の自由があることを明文で規定すべきです。

②商圏配慮義務

加盟者の排他的な営業地域（商圏）を全く認めない典型的な一例はコンビニです。コンビニ本部は商品の運送の効率や他チェーンとの競争といった理由で、ドミナントと称される集中出店政策を採用しています。契約書でも、明文で加盟者の排他的な営業地域は認めないとし、どこにでもコンビニ本部が出店して構わないと記載されています。

このため、長年にわたり加盟者が努力して地域住民に浸透し、売上高や利益を改善してきたのに、ある日突然、目の前に同一チェーンの新店舗が開店するという悲劇が日本全国で起きています。同一チェーンの店舗ですから、顧客に提供し得る商品もサービスも全く同一です。地域住民も、看板が同じであれば近い方に行くだけのことですから、既存店舗は大きな打撃を受けます。後から作られた新店舗は駐車場がより広かったり、立地も良かったりすると、既存店舗は著しい悪影響を受けることになります。

既存加盟店の営業努力を無視するような出店が、無制限に認められてよいとは考えられません。フランチャイズ本部に、排他的な営業地域の設定いかんにかかわらず既存店の商圏に対する配慮義務を定め、事前に既存店加盟者と真摯に協議する義務及び既存店の売上高が一定以上の減少が確認された場合（例えば売上高５％減少など）、既存加盟店に対する補填その他の対応の義務を定めるべきです。

③営業権譲渡の自由

現行のフランチャイズ契約書をみると、加盟者の死亡は契約終了事由になっており、遺族が当該フランチャイズ事業を相続することを認めていません。また、加盟者である親が子に当該フランチャイズ事業を承継させようと思っても、契約書では事業譲渡は禁止されているため、フランチャイズ本部の個別の同意なくしては行えません。

またフランチャイズ契約の期間は、コンビニにおいては10年間や15年間と定められていますが、加盟者にとって契約満了時が最適な辞め時であるとは限りません。加盟者が、ある店舗で営業努力を続け、地域にも浸透して売上高も利益も上げている場合、その店舗にふさわしい相手に事業を譲渡するのが資本回収も含めて最適な辞め時となり得ますが、上述したように契約でそれが制限されています。

加盟者の営業努力を適切に評価すべきであり、原則として、加盟者が営業権を譲渡する権利を認めるべきです。もっとも、フランチャイズ本部としては、相応しくない者が加盟者となることは防止したいという要請もあるでしょう。そこで、会社法の譲渡制限のある株式についての規律に準じて、原則として事業譲渡は自由であるが、フランチャイズ本部はそれを拒絶して、フランチャイズ本部自身あるいはフランチャイズ本部が指定する第三者への譲渡を選択することができるものとし、売買条件等が折り合わない場合には、裁判所または後述するＡＤＲによって条件を決するものとするのが良いと思われます。

5　本部及び加盟店間の関係調整

①団結権、団体交渉権の確保

あるフランチャイズチェーンに最も利害関係を有するのは、当該フランチャイズチェーンに属する加盟者です。当該フランチャイズチェーンに属する加盟者間に共通の利害を有する問題や、フランチャイズ本部と加盟者との利害対立の調整は、フランチャイズ本部と加盟者との協議に委ねるのが効率的であり、団体自治という観点からも是認されるものです。

そこで、チェーン加盟者が加盟者団体を作ることを法的に是認し（団結権）、加盟者団体がフランチャイズ本部と協議すること（団体交渉権）を認めるべきです。

コンビニの場合を例にとっても、契約条項には経済情勢に応じた契約条件の見直しという項目があり、これは加盟者の正当な代表と意見交換の上なされるべきといえます。また、人件費の高騰、人手不足によるコンビニオーナーの疲弊といった問題の解決には、チャージ率（金額）の見直しというフランチャイズ本部と加盟者全体の利害が対立する事項の検討が避けられません。

こうした問題について、公正取引委員会や経産省が関与しなければ調整されないというのは迂遠であり、まずは当事者間による協議をもって行うのが端的です。フランチャイズ本部は加盟者が団体を組織することを妨げてはならず、フランチャイズ本部は、加盟者の共通の利害に関する事項について団体から協議を求められたら、誠実に応じなければならないとすべきです。

木村義和愛知大学准教授によると、オーストラリアでは2019年3月にコンビニ加盟店オーナー達に実行可能な団体交渉権を認めるべきであるとの内容が記載された「フランチャイジング行為規則の運用と効果に関する調査報告書」がとりまとめられたとのことであり、また、日本でのあるべき法規制において、フランチャイズ加盟団体に団体交渉権を与えるだけでなく、集団ボイコットの権利を付与すべきと提言されています（木村義和「コンビニの問題を適切に解決する仕組みとしての加盟店と本部の団体交渉を目指して―企業と金融サービスに関するオーストラリア連邦議会合同委員会「フランチャイジング行為規則の運用と効果に関する調査報告書（2019年）」を参考に―」愛知大学法学部法経論集2019・220・1-31）。

コンビニ問題を提起してきたオーナーが、最終的にはことごとく契約の中途解約や更新拒絶によって営業を終了させられてきたという経緯を鑑みると、木村准教授の提言のように、団結権、団体交渉権に加えて、労働者の団体行動権に相当する集団ボイコットの権利も付与すべきと思われます。

②調停機関の設置

フランチャイズ問題に精通した調停委員による紛争解決機関（ＡＤＲ）を設置し、フランチャイズ本部と加盟者との間の個別紛争について、迅速かつ柔軟な解決を図ることができるようにすべきです。

フランチャイズ本部と加盟者との関係は信頼関係に基づく継続的な契約関係であることから、訴訟になじみにくい紛争類型について、柔軟な解決を図ることが期待されます。

座談会　「コンビニの未来のために」

三井義文氏（セブン - イレブン元オーナー）
岡崎紀一氏（ローソン元オーナー）
Ａ氏（Ｂチェーン経営）
中村昌典（弁護士）

――本日は中村昌典先生の『コンビニはどうなる』座談会にご参加いただき、ありがとうございます。元コンビニオーナーがお二方、そして現役のコンビニオーナーＡさんにもご参加いただき、本書のテーマを当事者の立場からお話しいただければと思います。

三井　千葉県佐倉市でセブン‐イレブンのオーナーをやっておりました三井です。２０１６年４月で、９年目に入るタイミングで一方的に契約を解除されました。２００７年ごろからコンビニの問題について周辺のお店に働きかけ、本部と交渉などを行っていたのですが、そういった一連の行動が本部との信頼関係を損ねたとして契約が一方的に打ち切られました。

岡崎　岡崎です。私は埼玉県でローソンを経営していましたが、２０２０年６月に契約解除となりました。

Ａ　Ｂチェーンを現役で経営しております。

24時間営業見直しの動きと現場の実情

中村　まずは岡崎さんにお尋ねします。今年６月に契約解除ということで実際には４月ごろまで営業されていたと思うのですが、新型コロナウイルスの影響はいかがでしたか。

岡崎　コロナの報道があってから、私のところはロードサイドの店舗でしたが、車の流れが少なくなりました。一日の入客数が激減したので、かなり大きな打撃を受けました。日販も30万円前後を行ったり来たりという大変厳しい状況になりました。ちょうどそのタイミングで時短営業の申請をかけており、7時開店～22時閉店となったばかりだったのですが、朝の出勤途中の方、金曜夜の入店数も激減し、時短になってからは日販10数万円というところまで落ち込むこともありました。

A　私の店では3～6月、7、8月もでしょうか、前年対比で売上2割減といった状況です。

中村　本書にも書きましたが、2019年、24時間営業などをめぐり、本部と加盟店が対立していることがメディアで報道されたり、経産省の審議会が立ち上がったりするという動きがありました。これに対しコンビニ本部は、世間には「ちゃんとやってますよ」というアピールを行っていましたが、実際のところ加盟店への本部の対応は、あれ以降、現場からご覧になって変化はありましたか。

岡崎　変わったというのは大きくは感じられなかったですね。例えばコロナでは、消毒をしろとか、私の店では最終的にトイレの使用禁止などが通達されましたが、そういった本部の指導はあっても、何かが変わったようには思いません。

中村　例えばローソンでは、低日販の店舗に対する支援などはないのですか。

岡崎　直近ではコロナ禍を受け低日販店には支援がありましたが、それまでは特になかったです。私の聞いたところによると、以前にも支店長の判断で、ある一定期間補塡を行ったという話はあるらしいのですが、そのこともほとんどのオーナーさんは知らないと思います。

A　現実的に、オーナーはほとんどの人が休みを取れていないわけですが、それが改善されたかといえば改善されてないですね。相も変わらず本部は「売り場はどうしましょう」とか言うのですが、そんなのは焼け石に水です。実際利益が1ヵ月50万円くらい増えないと人は雇えないわけですから、何も変わっていないないですよね。

中村　現場では時短営業は認められるようになったんですか。

A　それはないんじゃないですか、裏では。

中村　なるほど、本音と建前があるわけですね。とはいえ今回の一連の動きで、風向きが変わったようなこともお感じになったでしょうか。

三井　松本さん（東大阪のセブン-イレブン元オーナー）が声を上げたとき、ユニオンとしては「このままだと必ずつぶされる」と、彼はユニオンのメンバーではなかったのですが東京にお呼びし、動画作成の方法をご紹介するなどバックアップを行いました。実際、現役の加盟店オーナーが声を上げてやむにやまれず窮状を訴えたことは、世間へのアピールという点で非常に大きかったと思います。

松本さんの件とは別に、東日本橋のセブン-イレブンオーナーのご夫妻の件があります。このオーナーはドミナントで店を奪われ、その後ご主人が亡くなったのですが、この事件の報道も、コンビニオーナーがどれだけ理不尽な状況に置かれているかを世間に知らしめる上で非常に大きかったですね。

岡崎　私もそのころずっと店にいたような状態でしたので、「これで助かったかな」という思いはありました。実際、時短営業に踏み切って「開いてないの？」というお客さんもいたのですが、「やっぱり休みは必要だよね」という方もいて、少しは理解されるようになったのかなと感じます。

三井　ユニオンではなく実際の加盟店オーナーが声を上げたというのが本当に大きかったですね。本来であれば皆さんに声を上げてほしいというのが切実な願いです。

A　私からすると、ラッキーな、隕石が落ちてきたような話でしたね、ああいうふうに問題提起してくれたのは。世間的にはどうなのかなぁ、別に店が閉まっていれば開いてる店に行けばいいやくらいの感じでしょうし、利用するほうはなんとも思ってなかったのではないでしょうか。

オーナーは本当に休めない

中村 三井さんはオーナー時代、一番苦労されたことは何ですか。

三井 やはり24時間、365日営業を遂行するのがいかに大変だったか、これにつきます。本部が言うようにパート・アルバイトの方も思うように集まらず、私が丸8年経営したなかで、インフルエンザの発熱でどうしようもないという4日間を除き、店の営業にかかわらなかった日はありませんでした。自分の健康・生命にかかわるような事態であっても、店を一方的に閉めるということは、違約金が発生する契約違反となり、即刻契約解除にもなり得ます。そのため多くのオーナーは、ぎりぎりまで働いている。家内も含め自分もその犠牲になってしまったというのが、私が一番大変だったと感じることですね。

中村 岡崎さんも家に帰れなかったと聞いていますが、いかがでしたか。

岡崎 期間としては丸3年営業していたのですが、ほとんど店にいたような生活でしたね。最初の頃はスタッフに入ってもらったりもしていたのですが、やはり初めてのコンビニ経営で不慣れということもありほとんどバックヤードにいましたし、店の売上が下がってバイトの方が辞めていくような状況になってからは、だいたい深夜はほぼ1人で回していました。

日中でも、精算ですとかトラブル対応に追われ、24時間とまではいかないものの、ほとんど店にいて寝泊まりしているような状態でした。

中村　本当に心身ともに疲労されていたことと思います。Aさんも深夜お一人で入ったりかなり大変だと思うのですが、どのくらい大変ですか。

A　どのくらい……太平洋くらい大変って感じですかね。（一同笑）

中村　それは大変だ。三井さんはオーナー時代、本部の支援のここが足りないとか、本部の対応でこれは困ったとか、そういったことはありますか。

三井　核心の部分に入っていきますが、我々が契約した内容を、本部は説明しません。コンビニ・フランチャイズの一番の問題は、売上や仕入れといった会計に関する情報を、本部がすべてブラックボックスに入れているということです。これに関して、事業主として当然の質問をしても、まともな回答が返ってこないばかりか、先ほど話したような信頼関係毀損という問題にされてしまう。この情報開示がなされないということが、全ての問題の本質にかかわっていると私は思います。

本部と加盟店のリアルな関係

中村　三井さんはこれまで、コンビニ加盟店と本部の間にあるあらゆる問題を告発されてきました。加盟店が本部と対峙しなければならなくなった際、どういうことに気を付けて対応にあたるべきなのでしょうか。

三井　まず一番重要なことは、多くの加盟店、おそらく9割方の加盟店が、契約内容について知らない、理解していないという現実です。内容をわかっていないので、何か問題を告発するにしても、結果としてただ文句を言っているだけで終わってしまう。

オーナーが本質を理解していないので、本部としては小手先の対応で十分です。場合によっては恫喝する、場合によっては優遇措置をとるようなふりをして、とりあえず加盟店を黙らせる。こういうことが繰り返されていますので、まずは契約内容をよく理解することです。24時間営業にしても、その契約内容を踏まえ、法的問題点まで把握していなければなりません。本部は加盟店が意に沿わないようだと、契約打ち切りをちらつかせたり、商品情報を提供しなかったり、「近隣に出店があっても知りませんよ」と言ったり、脅してくるのが常套手段です。そういった脅しに屈しないためには、まずは契約内容をきちんと理解したうえで、自分の主張を明確にしておくことが必要だと思います。

中村　コンビニ問題がなかなか解決しない理由として、オーナー同士が分断されていて一緒に闘う仲間とつながれないということが挙げられると思います。三井さんはオーナー同士の情報共有や連携に努めてこられたと思うのですが、ここで重要なことは何でしょうか。

三井　まず自分が店を始めて気づいたのは、加盟店同士が連絡を取り合うことを本部は極端に嫌っているということです。つまり本部は店ごとに都合のいいことを言っているわけですね。本部がきちんと説明していないことがわかりましたので自分で周辺の店に出かけて行き、話を聞きました。すると、みな同じような問題を抱えているのです。そして私と同じように他の店に話を聞きに行くオーナーも現れましたが、中には本部べったりのオーナーもいます。そういった動きを本部が察知すると、彼らは加盟店の分断を始めます。「あのオーナーは変わっているから相手にしないほうがいい」とか、そういった工作を目の当たりにもしました。

孤立した店舗には、契約の内容はもちろん商品の情報などもますます知らされなくなっていきますから、経営は苦しくなってきます。こういった本部の動きに屈しないためにも、フランチャイズビジネスにおいては、オーナーの横のつながりが必須であることを訴えたいですね。

中村　岡崎さんは先ほど、支店長判断で支援を受けている店とそうでない店があるとおっしゃいました。アメと鞭の使い分けとでも言いましょうか、そういった本部の対応はお感じになりましたか。

岡崎　私の場合は〝アメ〟はほとんどなかったという感じですね……。うちの店の場合ですと、本部との契約事項に「駐車場の拡張」が入っていました。オープンして1年後に着工する、そうすれば売上は確実ですよという話で、それならばこの場所でもやりますと契約を進めた経緯があります。結果から言うと、駐車場の拡張工事はされませんでした。理由はやはり売上不振、日販が足りないということでしたが、本部からはそれについて何の情報開示もありません。開店後1年経って、「駐車場拡張の件はどうなりましたか」と尋ねると「あの話は流れました」とあくまで一方的でした。

では駐車場の件がなくなったのでその代わりに何か補填があるかといえばそんなこともなく、先ほどの支援の話も、そういった形で補填・補償があったという他店の情報を入手し、こちらから提案してはじめて実現したような次第です。

最後のほうは時短営業を行っていたのですが、24時間営業の最低保証もなくなっていました。

中村　要するに本部の言うことをよく聞くような店舗には支援をし、本部の言うことを聞かない店舗には何の支援もしないと。そういうことはよくあると思います。

岡崎さんは加盟店同士の連携ということで、何かご経験はありますか。

岡崎　最初のうちはなかなかお会いする機会も時間もなかったのですが、辞める数カ月前につながりができ、いろいろ教えてもらったような感じです。やはりローソンのオーナーということではほとんどつながりがなく、ユニオンを通じて紹介いただいたのもセブン-イレブンやファミリーマートのオーナーさんで、私からはローソンはこんな感じですと情報を提供し、皆さんからはそれぞれの本部や加盟店の情報をいただいた、そんな感じですね。

コンビニ加盟店ユニオンの活動

中村　三井さんにおうかがいします。三井さんはコンビニ加盟店ユニオンを立ち上げられましたが、この目的や経緯についてお聞かせください。

三井　ユニオンを立ち上げた目的は「団体交渉」です。それと先ほどからあるように、加盟店を分断し横のつながりを作らせないというのが、日本のフランチャイズ本部のやり方です。岡崎さんがおっしゃった支援の話なども、まったく情報が共有されないので、あるかどうかもわからない。こういった現実を受け、加盟店間の情報交換と団体交渉を可能にすることを目的としてユニオンを立ち上げました。

中村　団体交渉を目指し、労働組合法上の労働者性を主張してこれまで都道府県労働委員会、中央労働委員会と本部に対して闘ってこられたと思うのですが、このあたりの経緯について改めてご説明いただけますか。

三井　まず、「なぜ経営者なのにユニオンなんだ」「なぜ労働者なんだ」ということが、一般の加盟店には理解されにくいところでした。しかし日本には労働三法という世界に類を見ない法律があり、そこでは、労働者と勤労者が区別されています。そして、自営業者であっても勤労者である、力の差が歴然とある場合は団体交渉が認められるとされています。

まずはユニオン本部のあった岡山の地労委に団体交渉を求める裁定を上げ、3年をかけて「団体交渉を認めるべき」という結論を引き出すことができました。岡山ではセブン-イレブン加盟店として、東京ではファミリーマート加盟店として、団体交渉が認められることになったのです。ところが本部側はそれを不服とし、中労委にステージは移りました。セブン-イレブン、ファミリーマート本部が一括して中労委に裁定を求め、4年間協議が行われました。

結果として、振り出しに戻った形となりました。個別の契約に基づく加盟店が本部に対し団体交渉を行うのはあり得ないということで、地労委では認められた団体交渉が認められなくなり、我々ユニオンは法的根拠を失った、というのが現状です。

中村　現在は裁判所で闘っておられるのですか。

三井　今は労働弁護団が、中労委の裁定に対して不服を申し立てており、今度は裁判に移行するとのことです。この辺になると加盟店の手を離れ、法律上の問題として争われることになります。
ユニオン関係で最近の話題として、宮崎県のファミリーマートのオーナーさんの裁判があります。この件は、本部側がずっと店舗のリースに関して「地主と交渉中です」と説明してきたのですが、突然、「地主さんが貸さないということです」と契約を打ち切られました。その後判明したのですが、その店舗の土地には事業用定期借地権が設定されていて、オーナーには一切知らされていなかった。つまりお尻が決まっていたのにそれを知らされないまま契約させられていたわけです。やはり日本のコンビニ問題の肝は、このケースのように情報の透明性が低いことだと思います。

日本にもフランチャイズ規制法の制定が必要

中村　ここまでコンビニを取り巻く問題についておうかがいしてきましたが、これを解決しフランチャイズ業界の健全化のためにどのような取り組みが必要と思われるか、お聞かせください。

三井　まず、フランチャイズ問題を解決する法的根拠が日本にはないということが、一番の問題です。世界でフランチャイズビジネスを規定する法律がないのは日本だけです。これだけフランチャイズが盛んに行われている――コンビニに限らず居酒屋や学習塾など――にもかかわらずです。法律によってフランチャイズにおける本部側と加盟店側の住み分けを明確化する、それが重要かと思います。

中村　この点、私もこの本の中で触れていますが、関連する事項として今年の9月2日、公正取引委員会がコンビニオーナーに関する詳細な報告書を発表しました。そこでオーナーを取り巻く情勢が極めて厳しいことが明らかにされ、その中でフランチャイズ・ガイドラインの改訂も示唆されています。それでもやはり、これはあくまで解釈基準であって法律が必要である、というお考えでしょうか。

三井　アメリカ、オーストラリア、韓国などフランチャイズ法はもう世界の常識ですし、日本にも様々な業界法は存在していますので、ちゃんとした法整備というのは最低限のところかと思います。

法律を作るにあたっては、日本のコンビニは会計の部分を本部が牛耳っていますので、ここにメスを入れないといけません。日本のほとんどのコンビニは「売価還元法」を採用していますが、これは非常に珍しい、特殊な会計です。私の銀行員の経験から言いましても、これはいかようにも操作できるグレーな会計です。アメリカのフランチャイズでは一般会計が当たり前ですので、日本の法制定にあたってもこの部分は特に監視が必要かと思います。

同時に、それがちゃんと履行されているのか、公で裁定する機関が必要だと思います。フランチャイズは特に、本部と加盟店で利益を奪い合う相反関係を内包していますので、常に監視は必要です。どう考えても本部のほうが強いという力関係にあり、加盟店が一方的に割を食うことが続く可能性がありますので、単に法律を制定するだけでは足りないと思います。

中村　私は日弁連の調査団の一員としてオーストラリアに視察に行きましたが、そこで話を聞いてみると、フランチャイズの本部側は当初「法律なんていらない、自主規制でいいんだ」という主張だったのですが、全く機能しなかったと。そこで法規制の機運が高まって法律ができたのですが、それによって詐欺的な本部が排除されたり、加盟店が安心して参加できるようになったりして、今になってみると、本部側としても規制法を非常に歓迎しているというんですね。そういう意味では三井さんがおっしゃる通り、日本においても実効性のある法律を作ってきちんと執行する、それが非常に大切だと私も思います。

この点について岡崎さん、いかがですか。

岡崎　法律について私自身明るくなかったということも、今回の状況になってしまった一因であると自分自身思うところもあります。法律ができるのは良いことだとは思いますが、私のように法に明るくないオーナーが大半だと思いますので、まずは情報提供されたり相談できる環境があったらなと思います。

三井　そうですね、加盟店側の団体の設置も法律には明記すべきですね。それがなければ穴が開いた法律になると思います。

岡崎　本部を抜きにしてオーナー間で情報を共有しないと、本部と加盟店の対等な交渉も難しいと思います。私のように失敗するオーナーを減らすためにも、情報共有の仕組みづくりは強くお願いしたいところですね。

A　それでも相変わらず加盟する人はいます。オーナー募集のホームページを見ればわかりますが、「家族と一緒にいる時間が増えた」とか「自由な時間が増えた」などとんでもない言葉が並んでいて、この期に及んで〝ひっかかる〟人が後を絶ちません。どうしようもないなと思うこともあります。

私が一番思うのは、三井さんがフランチャイズの問題は会計の問題とおっしゃいましたが、やはり原価がわからないという問題ですね。とにかく費用の中身がわからないので、そのチャージが高いのか安いのかも分からない。根本的に会計の不透明な部分が開示されない限り、コンビニをめぐる問題は解決に向かっていかないと思います。

中村　オーナーの皆さんも、フランチャイズに関する法規制の必要性を肌で感じていることがよく分かりました。日本でも、本部の加盟希望者に対する事前の情報開示に関する規制、加盟店オーナーの団結権や団体交渉権の確保、会計の透明化と監査、本部による加盟店に対する不当な行為の規制、営業時間の自由といった、フランチャイズを包括的に規律する法律を早急に制定することが必要であることが本日の座談会を通じて一層明らかになったと思います。

本日は皆さんお忙しい中のご参加、誠にありがとうございました。

（2020年10月13日、ZOOMにて）

ローソン		ミニストップ			
1万3586店		2197店			
2兆2962万円		3337億円			
46.3万円		41.6万円			
Bn	Cn	S	SL	CL	N-ML
10年間		7年間			
オーナー	本部	オーナー	本部	本部	本部
研修費 50万円 開店準備手数料 50万円		保証金 150万円 開店準備費 100万円			
～300万円 41% 300万1円～ 450万円 36% 450万1円～ 600万円 31% 600万1円～ 21%	～300万円 45% 300万1円～ 450万円 70% 450万1円～ 60%	30% （24時間店） 33% （非24時間店）	33% （24時間店） 36% （非24時間店）	～360万円 36% 300万1円～ 58%	～300万円 38% 300万1円～ 450万円 65% 450万1円～ 75% FF部門 40%
1980万円 （24時間店） 1680万円 （非24時間店）	1860万円 （24時間店） 1560万円 （非24時間店）	2100万円 （24時間店） 1600万円 （非24時間店）		開店から1年間は、左に変えて、225万円ないし180万円を上限とし、人件費や商品廃棄額を勘案した額を保証	
店舗改装費		内外装費、什器備品	什器備品	内外装費、什器備品	什器備品
見切・処分について一部負担、店舗電気代・店舗空調の燃料費の半額（月25万円まで）		CVS商品、FF商品の廃棄について一部負担			CVS商品廃棄について一部負担
2020/6		2019/7			

コンビニ各社のロイヤルティ及び加盟店オーナー負担費用（2020年9月現在）

<table>
<tr><td>チェーン名</td><td colspan="2">セブン－イレブン</td><td colspan="4">ファミリーマート</td></tr>
<tr><td>総店舗数</td><td colspan="2">2万0955店</td><td colspan="4">1万5513店</td></tr>
<tr><td>チェーン年商</td><td colspan="2">5兆0102億円</td><td colspan="4">2兆9829億円</td></tr>
<tr><td>平均日販</td><td colspan="2">65.5万円</td><td colspan="4">52.7万円</td></tr>
<tr><td>契約タイプ</td><td>A</td><td>C</td><td>1FC-A</td><td>1FC-B</td><td>1FC-C</td><td>2FC-N</td></tr>
<tr><td>契約期間</td><td colspan="2">15年間</td><td colspan="4">10年間</td></tr>
<tr><td>物件所有者</td><td>オーナー</td><td>本部</td><td>オーナー</td><td>オーナー</td><td>本部</td><td>本部</td></tr>
<tr><td>加盟契約時必要資金（税別）</td><td>研修費
50万円
開業準備手数料
100万円
開業時出資金
150万円</td><td>研修費
50万円
開業準備手数料
50万円
開業時出資金
150万円</td><td colspan="4">加盟金
50万円
開店手数料
100万円
元入金
150万円</td></tr>
<tr><td>ロイヤルティ（表記なき場合には粗利比）</td><td>43%
（24時間店）
45%
（非24時間店）</td><td>～250万円
56%
250万1円～
450万円
66%
450万1円～
550万円
71%
550万1円～
76%
24時間店は2%減額、店舗分離型は地域適用金控除</td><td>～250万円
49%
250万1円～
350万円
39%
350万1円～
36%</td><td>～250万円
52%
250万1円～
350万円
42%
350万1円～
39%</td><td>～300万円
59%
300万1円～
450万円
52%
450万1円～
49%</td><td>～300万円
59%
300万1円～
550万円
63%
450万1円～
69%

6年目以降は
2%減額</td></tr>
<tr><td>最低保証（年額）</td><td colspan="2">2200万円
（24時間店）
1900万円
（非24時間店）</td><td colspan="4">2000万円
（24時間店）
1600万円
（16時間～24時間未満店）
16時間未満店はなし</td></tr>
<tr><td>オーナー負担</td><td>店舗改装費</td><td></td><td>店舗投資の全て</td><td>店舗投資の一部</td><td>内装工事費</td><td></td></tr>
<tr><td>本部側負担</td><td colspan="2">不良品原価15%、水道光熱費80%、売上促進特別措置</td><td colspan="4">24時間営業奨励金年間120万円、店舗運営支援金年間120万円、廃棄ロス助成金、水道光熱費助成金</td></tr>
<tr><td>備考</td><td colspan="2">5年経過時チャージ減額（最大-3%）、特別減額-1%、減額24時間店最大35千円、非24時間店最大15千円</td><td colspan="4">2FC複数店経営フィー減額、1FC複数店奨励金</td></tr>
<tr><td>開示資料作成日</td><td colspan="2">2020/8/1</td><td colspan="4">2019/12/1</td></tr>
</table>

ポプラ	コミュニティストア	
473 店	58 店	
462 億円		
26.8 万円		
	コミュニティ	コミュニティ POINT
5 年間	7 年間	6 年間
本部	オーナー	
加盟金 100 万円 保証金 店舗面積 1㎡ あたり 3 万円	加盟登録料 150 万円 収納代行保証金 100 万円	加盟登録料 40 万円 収納代行保証金 100 万円 ATM 保証金 70 万円
総売上高の 3% 手数料収入に ついては 別途	本部基本料 27 万円 標準装備を 追加する場合には 別途月費用	本部利用料 12 万円
なし	なし	
	店舗内外装、付属施設	
2020/6/1	2020/5/1	

注　本表は「ＪＦＡフランチャイズガイド」http://fc-g.jfa-fc.or.jp/article/article_36.htmlに２０２０年9月末時点で掲載されているコンビニ本部８社の情報開示書面をとりまとめたものです。各社によって作成時期が異なるため必ずしも同じ決算期を比較するものではありません。

「平均日販」は、チェーン売上高を単純に期末店舗数及び３６５日で割った数値であり、各社が公表する平均日販とは異なります。

セイコーマートについてはチェーン売上高、店舗数の記載が確認できなかったため、同社のホームページを参照し、店舗数のみを記載しています。コミュニティストアについては全店売上高の記載はありません。

「オーナー負担」の欄では、初期商品代金は省略しています。

チェーン名	デイリーヤマザキ			セイコーマート
総店舗数	1493 店			1169 店
チェーン年商	1830 億円			
平均日販	33.6 万円			
契約タイプ	A	C	ニュー YDS	
契約期間	10 年間	5 年間	5 年間	10 年間
物件所有者	オーナー	本部	オーナー	オーナー
加盟契約時必要資金（税別）	研修費 50 万円 開店準備手続手数料 100 万円 店内調理をする場合（研修） 40 万円		研修費 34 万円 営業保証金 150 万円	加盟金 300 万円
ロイヤルティ（表記なき場合には粗利比）	～ 500 万円 30% 500 万 1 円～ 23% デイリーホット 18%	～ 250 万円 40% 250 万 1 円～ 360 万円 55% 360 万 1 円～ 65% デイリーホット 27%	物販ロイヤリティ 総売上高の 3%（下限 18 万円） 手数料ロイヤルティ 手数料収入額の 30%	10% 広告等負担金 本部が定める額
最低保証（年額）	1860 万円（24 時間店） 非 24 時間店はなし	1680 万円（24 時間店） 非 24 時間店はなし	なし	なし
オーナー負担	店舗内外装、備品		店舗内外装、什器	店舗内外装、設備
本部側負担				
備考				
開示資料作成日	2019/12/1			2020/4/1

中村昌典（なかむら・まさのり）
弁護士。
1994年　司法試験合格
1995年　京都大学法学部卒業
1997年　弁護士登録（東京弁護士会）
2001年　中村法律事務所開設
　事務所HP　http://nakamura-law.cool.coocan.jp
東京弁護士会消費者問題特別委員会委員（1997年～現在）
日本弁護士連合会消費者問題対策委員会監事（2011年～現在）
コンビニ・フランチャイズ問題弁護士連絡会（事務局）

コンビニはどうなる——ビジネスモデルの限界と“奴隷契約”の実態

2020年11月10日　初版第1刷発行

著者 ——中村昌典
発行者 ——平田　勝
発行 ——花伝社
発売 ——共栄書房
〒101-0065　東京都千代田区西神田2-5-11出版輸送ビル2F
電話　03-3263-3813
FAX　03-3239-8272
E-mail　info@kadensha.net
URL　http://www.kadensha.net
振替 ——00140-6-59661
装幀 ——黒瀬章夫（ナカグログラフ）
印刷・製本——中央精版印刷株式会社

ISBN978-4-7634-0945-4 C0036